舍

捨てる。

做减法的勇气

引き算する勇気

[日] 山下英子 —— 著
やました ひでこ

贾耀平 —— 译

湖南文艺出版社
HUNAN LITERATURE AND ART PUBLISHING HOUSE

博集天卷
CS-BOOKY

SUTERU HIKIZANSURUYUUKI by Hideko Yamashita
Copyright © 2018 by Hideko Yamashita
All rights reserved.
Original Japanese edition published by Gentosha, Inc.
Simplified Chinese edition is published by arrangement with Hideko Yamashita
through Hana Alliance Consulting Co. Ltd.,

著作权合同登记号：图字 18-2019-338

图书在版编目（CIP）数据

舍：做减法的勇气 /（日）山下英子著；贾耀平译
. — 长沙：湖南文艺出版社，2020.5（2021.2 重印）
ISBN 978-7-5404-9573-2

Ⅰ.①舍… Ⅱ.①山…②贾… Ⅲ.①人生哲学 – 通
俗读物 Ⅳ.①B821-49

中国版本图书馆 CIP 数据核字（2020）第 046022 号

上架建议：心理励志

SHE：ZUO JIANFA DE YONGQI
舍：做减法的勇气

作　　　者：[日]山下英子
译　　　者：贾耀平
出 版 人：曾赛丰
责任编辑：丁丽丹
监　　制：邢越超
策划编辑：李齐章　蔡文婷
特约编辑：李美怡
版权支持：辛　艳　金　哲
营销支持：霍　静　文刀刀
版式设计：李　洁
封面设计：潘雪琴
出　　版：湖南文艺出版社
　　　　　（长沙市雨花区东二环一段 508 号　邮编：410014）
网　　址：www.hnwy.net
印　　刷：北京中科印刷有限公司
经　　销：新华书店
开　　本：775mm × 1120mm　1/32
字　　数：98 千字
印　　张：8
版　　次：2020 年 5 月第 1 版
印　　次：2021 年 2 月第 2 次印刷
书　　号：ISBN 978-7-5404-9573-2
定　　价：45.00 元

若有质量问题，请致电质量监督电话：010-59096394
团购电话：010-59320018

前言

舍，不舍。

欲舍，舍不得。

舍之利弊。

舍之意义。

回顾《断舍离》出版以来的九年时光，"断舍离"似乎是在人们对"舍"之行为的不理解和排斥中一路走来的。无法否认的是，就连我也曾抱有类似的情绪。

　　面对带有故事和回忆的旧物，面对与自己羁绊颇深的旧事，尤其是面对千丝万缕的人情世故，一句无情的"舍"字，多多少少会让我们产生后悔和自责的情绪。

　　但从另一个角度来讲，断舍离也让人看清了我们周身黏附着太多的物品、杂事，还有令人苦恼万千的人际关系。长久以来，我们就被这些冗杂的物·事·人所牵制，徒增了数不清的烦恼。

　　如今，我们已经不再面临着"面包不足"的困窘，却不得不承认生活处于"资料过剩"而陷入困境的事实——没有比这个不幸的事实更难被人意识到、察觉到的事情了。在不知不觉间，我们逐渐遗忘了那些对我们至关重要的物·事·人。

　　需要我再次明确的是，"断舍离"并不是什么"扔东西整理术"。现如今，更无须检验或考察"舍"之行为的意义和正确与否了。

"舍"是人生路上不可或缺的生存技能。因为，"舍不得""不想舍"会让我们的生活和工作停滞不前，最终致使我们连自由的人生之路也走不下去。

在如今这样一个瞬息万变的现代社会中，如果你能理解并相信这本书，抛弃旧事旧物代表的从前，勇敢地迎接未来，享受轻快朴素的人生。作为作者的我，会感到无比的荣幸和幸福。

——山下英子

目 录

第1章
世上杂物冗事本繁多

目 录

第2章
为什么你把自己弄得越来越忙

第3章
扔掉多余的杂物，提高空间认识能力

目　录

第4章
抛开杂念，摆脱情感牵制，节省时间精力

目　录

第6章
改善关系的断舍离式输出

第1章

世上杂物冗事本繁多

断舍离的第一步就是让我们承认——自己

不可能做到面面俱到。

为什么断舍离能让工作顺利进行

在你的公司里，那些工作得力、能干的人有什么特征呢？

请你稍微停下手上的工作来想象一下"能干之人"的样子。

估计每个人都有"能干"的定义。其实，除了语言或自我展示等能力，所谓"得力能干之人"无外乎有以下几个特征：

反应敏捷

果断决定

沟通恰当

价值观明快

合理把握时间

有教养

具有这些品质的人，无论男女，无论在职场上还是家庭生活中，都会得到很高的评价。他们共通的一点就是绝不会被多余的杂事牵着鼻子走，能自觉地把注意力全部集中在重要的关键的部分。

令我感到荣光的是，我与这些能干之人交流颇多。当我们讨论断舍离时，彼此都毫无例外地产生多种共鸣。

这些人生活和工作的原则就是必须具备明确的目的，设定具体的目标，在短时间内做出成果，不会去考虑多余的、累赘的旁事。

人们总是下意识地把人分为两类——能干与无能。

两者有不同的立场，不同的收入和不同的生活环境。但是，我认为只有极小部分人是天赋异禀的，绝大部分都是平凡人。比如说，既没有什么长生不老的人，也没有不眠不休24小时都在工作的人，可以说，也几乎不存在什么头脑异常聪慧、异常敏锐的人。

一天24小时，对谁都是公平的。而出现差异的主要原因在于如何利用这24小时。

整个上午是两个会，下午是三个预约，之后是做报价书和企划书，然后……

拼命努力却少有回报的人

今天要做的事就三件：A社的报价书，B社的营销拜访，C社做展示说明。

工作得力之人

抛弃"不需要的物·事·人"，集中精力于"重要的物·事·人"，才能顺利工作，享受人生。

断舍离是选择重要物·事·人的思维方式。

现在社会上流行的把"断舍离＝扔东西"的说法，其实是对断舍离内涵的巨大误解。

扔东西只是断舍离的一个手段，最重要的还是如何选择对自己重要的物·事·人。

只有选对了关键的物·事·人，事业和人生才可能一帆风顺地走下去，因为你不会再为多余的、琐碎的、无必要的事情耗费时间和精力了。

假如周边没有了牵制自己的旧事杂物，你的人生会是怎样的光景呢？

那你的注意力就会完全集中在重要的问题上，人生和事业就会走向良好的状态。

我把摆脱冗杂多余的信息，把精力集中在真正重要的物·事·人上的工作方法称为"减法工作术"。

这本书就是把"减法工作术"介绍给大家，它将为你的工作带来飓风般的变化。

工作得力的人不会把问题复杂化

职业棒球大联盟原选手松井秀喜曾说过：

"那些我无法控制和把握的问题，我是绝不会考虑的。因为再怎么考虑也无济于事。我只需把注意力集中在自己能做到、能把握的事情上。"

不仅是松井秀喜，很多社会中的成功人士也说过类似的话，如"能做的事情全力以赴，不能做的事情断然不做"。

那些在工作上获得高赞的人也同样如此。他们每个人都能心无旁骛地朝着目标前进。

假如你目标明确，想迅速踏实地达成目标，面前有两条路：

有一条宽阔的道路，还有一条多岔路、多分支的道路。

没有人会觉得那条多岔道、多分支的路能更快地到目的地。

但是现实情况是：原本想走的那条宽阔的康庄大道与我们渐行渐远，我们在不知不觉间走上了分岔小路。

选择一条路，就相当于拒绝了其他的路。

选择一个工作、一种东西，就相当于舍掉了其他工作、其他东西。

舍是极需勇气的。

很多有勇气放弃、擅长放手的人常常轻松地向"舍不得"的人抛一句"扔了就行了呗"。

显然，那些在关键时刻毫不犹豫地放手的人是轻而易举地能做到的。

但是，那些常常做不到舍得的人是很难做到的。

同样，我们常常自以为是地建议那些容易将烦恼复杂化的人："别多想，简单点来就行。"实际上，对方只会在心里嘀咕："若我真能简单地想问题，就不必这么发愁了。"

而断舍离，正是消除这些"舍不得""问题复杂化"的烦恼的方法。

"勇于放手""把问题简单化"的思维绝不是一朝一夕就能形成的。我仅以"简单思维"的主题就能撰写一本书，而且市面上很多类似的书俯拾即是。单单从这一点来看，简单思维并非简单。

"我为我所为之事自豪，也为我所不为之事而骄傲。"

这是驾鹤西去的美国苹果公司的联合创办人之一的史蒂夫·乔布斯的名言。

毋庸置疑，这句名言表达的是——学会单纯、朴素地思考问题，就是成长的一大步。

断舍离的第一步就是让我们承认——自己不可能做到面面俱到。

有的人专门走岔路来欣赏沿途风景，有的人能从失败中收获经验教训。只要自身心中目标清晰、明确，欣赏沿途风景只是一时兴起，犹如过眼云烟，对目标的达成并不会造成什么大影响。

有很多人在实践断舍离时，最初也遭遇过失败和挫折。

失败了，受挫了，就爬起来，重整旗鼓，从头再来。

我常常把"断舍离即行动哲学"这句话挂在嘴边，因为"断舍离"不是单纯的具体知识的具体应用，而是在行动中实践才能改变人生。

所以，万事行动为先。

断舍离不是"扔东西"

近些年，"断舍离"一词时常出现在电视或杂志上，大部分场合里都仅被当作"扔东西"的同义词。

其实，"断舍离"一词是我个人注册的商标，也是我创立、开发的自我探索方法论。

这个词绝非单纯的"扔东西"。很多人不知道"山下英子"，却知道"断舍离"这个词。时至今日，"断舍离"这个词本身已经自我繁殖，衍生出很多有悖初心的含义。

请允许我在这里对"断舍离"再做一次说明。

　　"断舍离"的灵感要追溯到20年前一次高野山寺庙的住宿体验。当时，我亲身接触到修行中僧人的日常生活。他们周身只有必要的生活用品，并且怀着虔诚的态度，小心翼翼地使用着每件物品。连我的客房也被打扫得一尘不染。他们的日常生活简朴有序。

　　虽然现在我才真正做到精简的生活，但当时，我常常为整理家务而头疼不已。我住在一个塞满大包、小包、大件、小件的房子里。于是，我按着当时流行的收纳术，买来各种收纳盒、收纳箱、收纳架子来装杂七杂八的物件，但是匆匆忙忙地临时收纳和整理并不能彻底解决过剩的杂物。面对着不久之后又乱七八糟的房间，我常常陷入自我厌恶的境地。

　　终于，在那次高野山的住宿体验中我领悟到了"无杂物，无收纳"。也就是说我需要的不是"想要这个，要那个"的加法生活，而是"这个不需要，那个不需要"的减法生活。

想通了之后，我浑身一阵激灵——这不正与学生时代在瑜伽道场所学习的斩断欲念、远离执念的"断行·舍行·离行"行动哲学的精髓异曲同工吗？这种减法思维不正可以应用到如何处理旧事杂物和人情世故上吗？

"断"即"决断"的"断"。

"舍"即放弃"不需要·不合适·不愉快"。

"离"即在反复的"断""舍"的实践中升华到"自在"的境界。

也许有的人会把断舍离认作"扔掉所有的东西"。其实不然。首先，要诚实地面对自己和物品的关系。明白哪些东西是自己不需要的，哪些东西是用起来不舒服的、不合适的，要对自己的生活方式和风格一清二楚。

整理术不是最终目的，而是达成手段。

断 筛选入手的物品与信息

×

舍 放手不需要的物品与信息

离 才能专注于重要的物品与信息

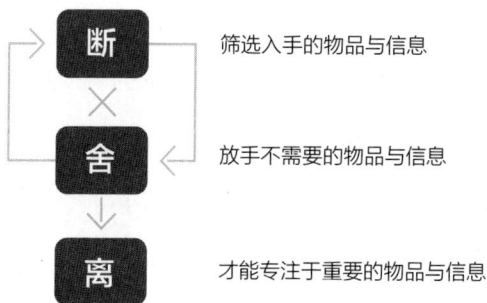

断舍离的思维方式 放弃对杂物的执念，才能收拾内心的糟乱。

创立断舍离后，我成为一名杂物整理师，我接受很多苦恼于杂物整理的人的咨询，在家居物品的整理和无用杂物的清理上给出自己的建议。十多年里，我曾多次在日本各地展开"断舍离"的主题讲座。在这个过程中，也时常听闻一些意料之外的现象。比如说，当人们长时间地进行断舍离的实践后，除了家里的杂物被整理得井井有条，自己的人生也会发生巨大的变化。断舍离帮助人们摆脱了对现实杂物的执念，同时也在悄然无声地清理着心灵的杂物，让人们自在·自由·自我地过好"当下"。

断舍离，之所以在这么长时间里受到这么多人的关注和支持，是因为它不仅仅是某种具体的家居整理术，而是一种"活出自我"的思维改革，一种彻底的生活革命。

有什么样的杂物杂事，就有什么样的思维方式

断舍离即消除"不需要·不合适·不愉快"的杂物。

断舍离是一种有意识的实践过程，让人从不自觉·无意识中挣脱出来。

断舍离的诠释是多种多样的。

其中最重要的就是"断舍离即关系性质的再审视"。

当我们清理某件杂物时，需要重新审视自己与该物品的关系性。

我们现在来思考一下办公桌上摆放的杂物和手头的

工作与自己的关系性。你是否对桌上的文件内容和电脑里的数据内容一清二楚？也就是说对桌上的文件和手头工作的一切内容你都了然于胸？

想不起来的东西就相当于不存在。假如你还有很多自己不清楚的问题的话，就说明你正在被这些东西干扰思维。

同样，家里的衣柜或收纳架上被不知名的杂物塞得满满当当的，以至于放不下新东西，没办法只好把东西胡乱扔在桌上或地板上。

虽然我们尽量地把能看见的杂物做到物尽其用，但少不了还有遗漏的东西。这些东西就是我们不需要的，它会妨碍我们去找真正必要的东西。

整理和收纳需要的技巧我们大多数人并没有掌握，因此那些不需要的什物就会被摆在这里塞在那里，最后连我们都不知道收到哪儿去了，最后这种不良循环只会让我们陷入深刻的烦恼和苦痛中。

有很多人的办公桌两边堆满了如山的文件资料，他们说自己基本上清楚什么文件放在什么地方。比如说，右侧从上数第五份文件就是发给 A 公司的报价文件。

前几天，偶然碰见一个领导在出差地给部下打电话说"翻开我桌子上右边从上到下第五个文件"。经常会用到的文件印象自然很鲜明。那么若问"左边从下往上数第 10 个文件是什么"，想必基本上没什么人能回答得上来。

换言之，很清楚重要文件的位置，却不清楚不怎么重要的文件的位置。以至于像这位领导一样，常常因为桌上有太多不重要、不需要的文件资料，导致外出忘记了。

我本意并不是责怪他的粗心。

很多人心里明白整理整理文件有助于工作，可还是找不到时间去整理。

现代社会，信息瞬息万变，很多职场人要比以前忙碌得多。但是，我们也要认识到自己的"被忙碌"。

比如说，我们遇到什么不知道的东西，可以立刻用电脑搜索一下。Enter（回车）键一按下去，眼前的网页就会挨挨挤挤地布满广告，很多广告的标签和内容都是你略有兴趣的。你一不小心点开一则广告，弹出的内容更引发了你的好奇心，就这样在好奇心的驱使和鼠标的声音中，不知不觉已经过了 15 分钟。这种情况在现在社会是很常见的。我们的时间就逐渐消耗在这些冗杂过剩的广告信息中，自己也逐渐"被忙碌"起来。

正因为如此，选择尤为重要。

那些总是忙得团团转的人需要关注一下自己忙碌的本质，也就是说需要重新审视一下自己周围的杂物和手头的工作。

断舍离把杂物看作"思维的实体化"，相当于"心灵的形状"。物品是通过购买或被赠予等"选择和判断"的途径进入自己家的。事情也可以称作抽象化的物品，也是自我意志促成的结果。

换言之，你周身的物品和自己手头的事情也是你思维的反映。

断舍离正是一种利用物品和事情这些显性世界的媒介，来接触和研究思维、情感等隐性世界的方法。

那么，我们来看看让你忙得团团转的犯人到底有谁（什么）？

比如说，文件资料、数据内容、工作项目、会议、职场人际关系，还有不绝于耳的各种资讯信息，等等。

东西多，其实是思维惰于思考的反映。

斩断这些"犯人"的诱惑，将多余的杂物和事情断舍离后，你就能改变自身的思维方式。

不过，我并不认为桌上不放东西就完全正确。

工作时间是八小时，但是……

拜访客户
2 小时

做PPT（幻灯片）
资料 3 小时

碰头会
1 小时

做报价书
2 小时

开大会
2 小时

要花 10 小时
做工作

超量、超负荷的工作让你忙得晕头转向。

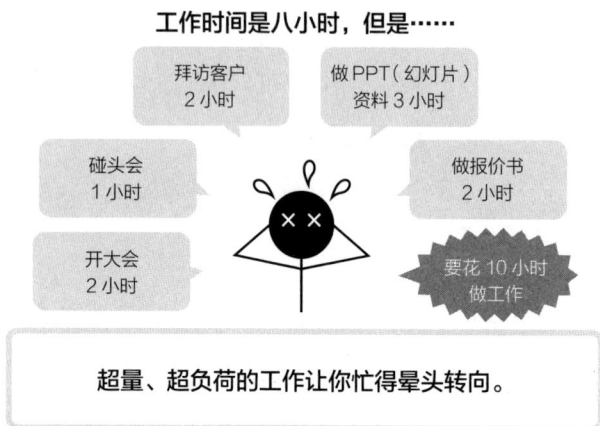

哈罗德·杰宁在《管理》（PRESIDENT 公司出版，2004 年）一书中写道："那些办公桌上干干净净的经理是不可信任的。"原因在于认真工作的人的办公桌上文件资料会相应增加，反之则说明经理没有在认真工作。

那么，认真工作的哈罗德的办公桌上是不是文件堆积如山呢？

正好相反。他在离开办公室前会将书籍文件分类归档，整理放进公文包。遇到紧急出差的情况，可以立刻找到需要的文件资料，随即出发。他对于文件资料的内容和位置想必一清二楚。

断舍离并不是让大家比东西的多少。不同的人在不同的时刻、不同的情况下，适用的杂物量也不同。

旁人眼中的工作量或杂物量是多是少都无所谓，只有当两者的量超出了自己的能力范围才是真正有问题。

工作得力之人先决定"不做什么事"

那个怎么用？

这个是什么用法？

面对很多物品，我们常常想来想去，纠结着如何使用。

有时候想着"干脆送给别人吧"。

但是，假如东西彻底变没用的话，再怎么考虑如何使用，也是毫无意义的。

我的现代哲学导师曾说过："人总是考虑东西的有效性，而忽略了必要性。"

这与断舍离的内涵是相通的——东西能用，对我无用。

能用 = 以物品为轴心的视角

不用 = 以自我为轴心的视角

拿圆珠笔举个例子。我有一支能写字的圆珠笔，但我又买了一支写起来更流畅的笔。那么，前一支笔就相对地变成了不怎么好用的了。

怎么处理这支笔呢？扔了怪浪费的，就套上笔帽搁进抽屉或笔筒里，过个十天半个月、十年八年也不会拿起来用。

这种情况是极为常见的。观察我们的周围，就会发现我们身陷无用之物的包围之中。

东西用起来才能实现本身的价值。工作也是如此。只有做适合自己的工作才能真正实现自己的价值。

决定做一件事，就相当于决定不做其他事。

这时候有人会说"真的很难决定不做什么事"，请听我把我的故事讲完。

我现在集中精力做"断舍离"。

主要是工作室讲座或研讨会，因此招徕客户很重要，学习看市场、做营销也很重要。

还有，市面上常有的"如何驱动人心的文章技巧"的操作和知识。如果能掌握这些知识，也许能更好地招徕客户和推广书籍。

但是，我并没有花时间学习如何招徕客户，而是找专门的管理公司帮我做这一块内容。

可能你会说"这是因为你有知名度"，其实不然，从最初我还是个无名小卒，在摸索着展开断舍离活动起，自己就选择不去做招徕客户这一块的工作，而是把工作交给了活动的主办方。

但是，我还是坚持每天更新断舍离博客（Ameba

App）。我从一开始就深入浅出地宣传断舍离的内涵，将其推广到大众的日常生活中。在这一点上我是绝不会偷懒的。

从一开始我就集中精力做断舍离。

因此，我们可以尝试着处理掉身边没用的物件，当作一种决定"不做某些事情"的练习。

断舍离先从周边看得见的杂物开始实践，在杂物断舍离的实践中逐渐过渡到工作、事项上，促进思维方式的新陈代谢。

断舍离激发思维·放任情感·解放观念

看到"断舍离"的概念已经如此深入到人们的日常生活中，作为创立者的我感到无比感动。但让我不得不承认的一个事实是：社会上流行的"断舍离"一词的意思已经与我的初心相距甚远，自我衍生的意思已经背离了其本意。

"断舍离"三字取自瑜伽的"断行""舍行""离行"的首字，将摆脱执念的三个"行"具化为收拾整理的手法。也就是说，断舍离是一种提案，建议人们在日常生活中通过收拾、整理杂物，重新审视自己的执念，将"放手"

作为一种"日常"来实践并形成习惯。因此，断舍离并非单纯的杂物整理术，更不是一句消极的"反正扔掉就行"能概括的。

断舍离需要自己主动地舍弃和放手，是一种自发的、主动的思维方式。

家里堆满了不需要的杂物、旧物，其实就是住在这里的人思维僵化、情感迟钝、观念守旧的反映。

即看得见的世界中"杂物"的混乱，体现了看不见的世界中的"思维·情感·观念"的混乱。

比如说，工作完成后的文件就能看出你的内心。

假如你还是有点担心以后会不会出什么问题，这恰恰是在暗示你的工作完成度不高。办公桌上堆满的书籍，反映着你也许现在正在为工作忙碌，或是你沉溺在过去的成果或成绩中。

为什么会摆放众多的文件资料？摆放众多的文件资料，这个极常见的小现象并非偶然出现的，肯定和你的思维方式有关系。

清楚自己是什么思维方式，或是清楚自己受限于哪种思维方式是非常重要的。

而从具象化的实物的选择、取舍的实践，来过渡升华到抽象化领域的问题解决，正是断舍离的本质意义。物品整理只不过是通向断舍离世界的入口罢了。

又比如说，断舍离发端的瑜伽哲学。并不是说只要做好"姿势"就能领悟瑜伽的内涵。瑜伽里面藏有更为深奥的智慧，只有不断地以"姿态"这一具象化的方式进行探索，进而过渡到调整身体的呼吸和经络，最终才能与抽象化的"气""能量"所关联的宇宙合二为一。

再比如说，数学的学习。学生不会一开始就直奔变量或虚数等问题，而是先从日常生活中使用的自然数四则运算的算术阶段开始学习，逐步提升难度，从方程式、看不见的世界的不安与混乱体现在看得见的世界的混乱。因此，整理看得见的杂物，才能解决看不见的世界的问题。

函数、因式分解、微分、积分等一个阶段一个阶段地深入学习。

回到断舍离的实践上，一开始不可能马上提出"整理自己的思维方式、情感和观念"这些难度系数过高的要求，首先是从手边的实体杂物开始整理，逐步地将断舍离深入到精神世界中去。

了解自己的"不需要·不合适·不愉快"

断舍离能帮助人们在不断地清理不需要·不合适·不愉快的杂物的实践中，提高选择和决断的能力。

清理掉不需要·不合适·不愉快的杂物，就会"疏通"人生之路，那些对自己来说需要的·合适的·愉快的物·事·人就会很顺利地降临。

断舍离即"战略"，也是战略细化之后的"战术"。

这里所说的"清理不需要·不合适·不愉快"的杂物，并不是说随手胡抓一堆扔掉就行。而是重新审视一件一件的杂物与自己的关系，轻松简单地与那些已经不需要·不合适·不愉快的杂物告别。

你公司工位的桌上或抽屉里，家里的桌上或收纳盒里是否扔着自己已经不需要的杂物呢？

扔了几个月都没动过的文件小山、用了半截的圆珠笔、几乎不再用的橡皮筋、便利店的一次性筷子、从游乐场带回家的并不中意的布偶、一时冲动买回家的标签还没去的衣服等。

这些东西不仅仅是无用之物，而且是代表着空间的残骸、你自己内心的空洞。

除了这些明显是无用之物的杂物，另一种很难判断是不是无用之物的则是那些包含回忆和纪念的杂物。

比如说，当时急需的某些物品，曾经特别渴望的、让自己欣喜若狂的物品，家人、朋友、恋人送来的礼物，等等。这些东西的确很"重要"，但是不是永远都"很重要"呢？可能有的时候这些东西对如今的自己来说，已经变成了"不需要·不合适·不愉快"的杂物，而自己还没有意识到而已。

只有当我们坦然地面对这些包含回忆的物品、一心念念不忘的物品，重新审视它们是否对"现在的自己"是"需要的·合适的·愉快的"，才能真正地明白自己内心的声音。

这，就是"重新审视关系性"。

当你发现一件"重要"的物品上自己灌注了太多的执念后，如果你能鼓起勇气清理这件物品，摆脱这份执念，就能顺利地疏通人生之路上的一处阻塞。

自己与物品的关系也影响着自己的人际关系

接受很多断舍离实践者的咨询时，他们总告诉我"舍不得"。

仔细想一下，"舍不得"这句话有点怪。

不想舍掉的话就不舍掉好了。"舍不得"听起来像是有什么人什么东西阻碍着自己舍掉杂物一般。

只要没被人强行索要东西，自己想扔就扔，不想扔就不扔。就这么简单。

但现实生活并没有这么简单。

细细地分析一下"舍不得"一词，其实包含的意思是"我虽然想着扔掉它，但是我心里明白自己又不想扔的缘由"。

无法放手物品的理由，也许是不会再次入手这种东西。

这种情况也同样发生在人际关系上。

比如说，和不想来往的人打交道，公司里讨厌的上司、烦人的客户等。按道理来说，不想打交道的话就不打交道。

实际上怎么可能不和上司、客户打交道呢？

被上司讨厌的话，工作上就会困难重重，连薪资、待遇也会受到影响。

不过，可能公司里还有很欣赏你的上司，转岗、跳槽的话也许能找到条件更好的工作。

本来有遇见更好出路的可能性，你却已经在心里设想着"令人头疼的未来"。这其实是一种自我肯定感低的反映。

杞人忧天无济于事，最重要的是要俯视全局，看清楚自己目前的状态，这样持续下去会有什么坏处，而果断放弃有什么益处，然后进行选择、取舍。

把"舍不得"断舍离后，只需要选择舍与不舍。首先要有自主意识。

即便出现为难的问题，很多时候这种"危机"也会变成激发成长的机遇。

假如你认为可以保留着这个东西，那就遵从内心保留下来。

另外，有些东西不需要马上抛弃、舍掉，也能采用敬而远之的方法。

虽然说了这么多情况，最重要的还是要有自主自觉的意识。

减法磨炼"内部智能感应器"

陷入多余的杂物、过多的信息、伤脑筋的人际关系的包围中，你的思维、感觉、感受性就会大幅度地呆滞、迟钝起来。

比如说，你昨天什么时间吃了什么东西。

在健康、正常的身心条件下，想吃东西的时候吃到足够量的鲜美食物就可以了。只要身体的内部感应器能正常工作，身体本身就知道多少量的什么食物是最适合自己的。

反过来，假如身心出现了什么大大小小的问题，那么内部感应器的正常工作就会受到干扰。

比如说，精神压力带来的暴饮暴食，怕浪费不想剩饭就勉强塞进嘴里，等等。

食物本身不分好坏。即便是有营养的东西，吃过多也会引起营养失衡。

一到中午 12 点午休时间，有的人会不顾自己是不是饥饿，就马上奔向卖套餐的饭馆。这种习惯很容易让身体的内部感应器功能逐渐生锈、钝化。

年轻时身材匀称的白领一旦结婚，到了 30 岁、40 岁时就会变胖、变臃肿。说得严重点，这主要是因为身体的内部感应器不再起作用了。

这时候，如果你仔细观察一下自己的身体，就会清楚感应器的紊乱度。当这种紊乱逐步严重下去，那么错误的不健康的杂物和事情就会汹涌而至，以致不能自由活动。

这种感应器称为"内部智能感应器"，而断舍离正是磨炼这种内部智能感应器的方法。

内部感应器的磨炼也可以从看得见的实物开始实践。

处理掉办公桌上的一个垃圾、不想吃的时候选择不吃等，这些行为都是在磨炼内部智能感应器。

长时间生活在多余的、过剩的物·事·人的环境中，身体的内部智能感应器就会生锈、迟钝，丧失了对身体不良状态的敏感度。

不借助外在的信息情报，细心听取自己身体的声音。

因此，哪怕一个小东西、一件小事都可以，先重新审视自己和周边物品的关系，处理不需要的、多余的东西。

之后的实践请参考下一章。

第2章

为什么你把自己弄得越来越忙

利基战略就是放弃非专长非强项的领域，

断舍离和这种道理是互通的。

越是拼命工作，越是勒得自己喘不过气来的职场人

我曾经连续一周外出做活动，还在一个月内完成出差、讲座、写书等工作，现在想起来那段时间有几个月都是这种"满负荷"状态。

但是，要问我是不是在"努力"？

其实也不是。

努力的我

正在努力的我

决心努力的我

不努力的我

不过度努力的我

不再努力的我

"拼命""加油"或"努力"，关于这些词我们能聊上很久。

我发现，无论是练习技能、学习功课，还是运动训练上，没有比回答"我会加油的"更让人觉得怪异的了。

甚至可以说，当我说"我会努力的"这句话时，我其实不过是在含含糊糊地敷衍罢了。

仿佛是在表达"我并没有认真地在做事，我很后悔，正因为如此，我才重复表示自己在未来会认真做事的决心"。

从这一点来看，不得不说你并没有"努力"。

　　假如你能冷静地观察自身的状态，认识到自己确实在做应该做的事情，那根本没必要去"拼命""努力"，也不必随口说出"努力"之类的话。

　　话又说回来，你努力的理由是什么？

　　"是因为像我一样在后悔吗？""还是特别在意谁的评价？"

　　我觉得有不少职场人已经过于拼命努力而丧失了自我。

职场人的三重苦——物·事·人

职场人的烦恼大致可以分为三类：

大量的工作文件和数据

各种会议和突发事件

不愿打交道的人

每种烦恼想想就头疼不已。

那么，工作得力、能干的人会是怎样的呢?

能在短时间内迅速熟悉并掌握巨量的工作；

能在开会时速战速决，即席回答突发问题；

能与任何人沟通交流，不存在不想打交道的人。

工作得力的人不是超人，也并不完全符合以上三点。

其实，当工作上出现什么问题时，他们会把关注点聚焦在必要的"物·事·人"上：

这是不是自己应该做的工作？

这个问题需要马上做决定吗？还是有思考的时间？假如有考虑的时间，反馈的截止日期是什么时候？

不和自己不擅长打交道的人深交。

能干的人，就好比打保龄球时，一般了解保龄球中的 1 号瓶的作用的人。

在球场上，只要巧妙地击中 1 号瓶就可能一次放倒全部 10 个球瓶。假如只瞄准两边的瓶子，估计要连续投 10 次。而且中间出现击空的话，还会增加投球次数。也就是说，重复才是忙碌的本体。

工作有"80∶20 法则"。你的成果的 80% 是工作的 20% 创造的。这 20% 的工作中，1 号瓶相当于哪些工作呢？

那就是排除多余的没必要的杂物后，所发现的工作内容。

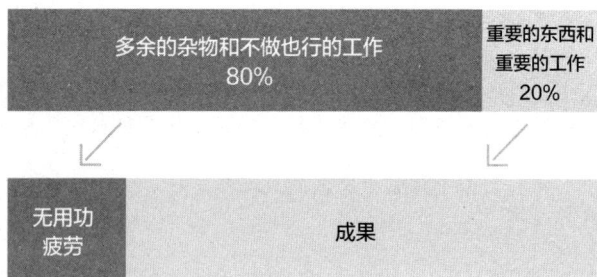

多余的杂物和不做也行的工作 80%	重要的东西和 重要的工作 20%

无用功 疲劳	成果

扔掉多余的杂物，才明白哪些是真正重要的工作，
才能真正迅速地做出成果。

同样，你也可以"列出自己不应该做的工作"，排除掉多余的没必要的事情，去发现"自己应该做的工作"。

以前，一个工作上的朋友曾经告诉我一个意味深长的故事。

钢铁大王卡内基因为工作十分繁多，曾经不停在寻找把工作生活做到游刃有余的方法。一次，一位咨询师来找他。

"每天在开始工作之前，先按优先顺序把今天要做的工作全部列在纸上，标上序号。"

没过多久，这个工作小技巧让卡内基能立刻判断出来自己什么工作需要做，什么工作不需要做了。

卡内基立刻酬谢了咨询师一大笔费用。

虽然我不能保证确有其事，但是我想，卡内基并没有完全做完自己所列的工作条目，而是把精力全部集中在必要的工作内容上，才摆脱了分身乏术的状态，做到了游刃有余。

　　换句话说，假如卡内基利用断舍离直接排除多余的没必要的工作，集中精力完成关键项目，其实连优先顺序的表也没有列出来的必要了。

肆意涌入公司和家中的杂物

你有没有被上司（同事或部下）说过要注意整理杂乱的办公桌？

上司的桌子上虽然也堆放着文件资料，却并没有显得杂乱。

你会不会觉得"因为他工作量少才收拾得这么好"。

如果你的办公桌上东西摆得乱七八糟，并不是要责怪你不懂收拾。

因为办公桌的杂乱无章并不是你一个人的责任。

现代社会，工作的速度提升，信息量也大幅度增加。

如果你是上司，部下的信息也会汇总到你这里。

你怕没浏览的邮件随便删除可能会耽误事情，就暂且留在电脑里，可是没过两三天就发现收件箱已经塞不下了。

公司如果喜欢开会，你桌上的文件资料也会不断增加。尤其是纸质版的资料，更是不能随意丢弃。

企业里面最活跃的中层管理人员的办公桌最容易集中信息情报。

反馈需要迅速及时。

在只有固定电话没有手机的时代，人们从出差地回来后再一个一个联络反馈。但如今去哪里都是人手一部手机，相应地人就不得不当时当场地进行联络和反馈了。

虽然也可以选择无视来电，但是现在还有 LINE（类似 QQ、微信等），不小心点出来，对方的界面就会显示"已读"，更是要进行反馈和回复了。

不得不说现代社会要求职场人的速度是越来越快了。

另一个让我们烦恼不已的是越来越狡猾的市场推广技术。

工作上常常用到电脑的人几乎 24 小时受到各种见缝插针的广告诱惑。一打开网页，广告就扑面而来。

其中最厉害要数智能手机了。

智能手机甚至会引起"不看信息就坐立不安的上瘾症"。

只要一看到信息就会拿起手机敲字。

不仅仅是在公司，连你的家里也被各种各样的杂物和信息强行涌入。比如说，因为便宜采购的大量食材，因为吃不完用不完而不得不扔掉。

干脆不买不就行了?!

现实正好相反。当今社会的广告推广技术正在逐步地智能化和提升。即便非你所想，各种信息和杂物依然会逐渐地入侵你的公司和家庭。正因为如此，我们需要有意识地观察审视杂物和信息。

被工作追着跑的三类人

在本来就不得不忙得团团转的现代社会里，如果你被工作追着跑，就更是让自己忙得喘不过气来。

我想，在公司里被工作追着跑的人可能分为三类。

这种分类和"舍不得"的人有共通之处。

拖延类

这类人通常觉得自己手头工作太多的时候，不考虑工作的紧急优先度，就习惯看见什么工作随意地开始做什么工作，而把关键的工作往后拖延，甚至是扔一边堆放。等回过神来才发现马上就到截止日期了，才慌里慌张地打开了文件。

节省型

这类人自以为某些杂物或信息以后可能用得上，便不管三七二十一全部保存下来。到最后却把这些东西全抛到脑后了。浪费了精力和时间去收集各种乱七八糟的杂物和信息，导致没有找到真正有用的必要的信息。

担忧型

这类人总是习惯把已经结项的工作的零头碎屑放在手边。比如说，已经出版了书籍却还留着原稿，这些厚厚的稿子毫无用处，只会占地方。

人们总是对"扔东西"有抵触感。

而这种抵触感一般会在年底或年初，尤其是盂兰盆节等小长假快来临的时候消失，因为公司所有人都在进行整理。在这种氛围里，人们才收起排斥感，整理起杂物来。

反正最后总是要"扔"的，那我们完全可以把清理处理的时间提前，每天处理一点点，不需要拖到年初或年末再处理杂物。

被工作追的三类人

拖延型

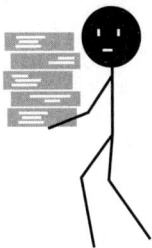

节省型

担忧型

以后再做

"以后"是什么时候

给自己一个截止日期

怕浪费

你到底真正用不用

诚实地问问自己

以防万一

出了问题怎么办

大多数时候只需要道歉就行

埋没在杂物中的"自我"

假如你穿上一身过时的西装，不管它有多贵，你也显得过于老套、跟不上潮流。

过时的造型装束会拉低你的价值。

工作也是同样的道理。

你是否从事了真正适合你的职业呢？

在职场上，我们常常发现有很多人努力工作，却怎么也获得不了较高的评价。

在这里，就需要重新思考一下"真正的自己是怎样的自己"。

假如说，你过生日，收到一个从 100 日元（人民币 6 元）的小摊上买回来的玻璃杯，你会高兴吗？

怎么会特别高兴呢？

那么，你平常使用的玻璃杯就一定是适合你的玻璃杯吗？

很多人特别讨厌收到从廉价小摊上随便买来的玻璃杯之类的礼物，却乐意给自己买一只这种类似的廉价玻璃杯。

大家请不要误解，这里不是讨论杂货小摊的玻璃杯是好是坏，而是在说我们要思考一下这个东西到底适合不适合我们自己。

在公司里，我常常听到人们抱怨"自己这么努力工作，却得不到什么好评"。

那么，你会照常继续努力，还是更加拼命直至获得好评呢？

想必都不是吧。

努力工作却得不到好评的原因无外乎两个：你和给你打分的上司评价标准不同，或者你做的工作本身有问题，不会受到多大好评。

因此，首先要诚实地问问自己：这个工作适不适合自己？是不是非自己不可完成的工作？

杂物在英语中是"clutter"。

Clutter 的意思除了指实体杂物、杂乱的空间，还指人们头脑中的混乱和混沌。

换句话说，杂物不仅仅是指实体杂物。

杂物化的东西

杂物化的信息

杂物化的人际关系

塞满了杂物的家

充斥着杂物化信息的大脑

苦于杂物化人际关系的内心

这其中最为根深蒂固的是：

杂物化的观念

被杂物化观念所束缚的思维习惯

这种僵化守旧的思维习惯让工作停滞不前，也让人
生之河阻塞不通。

"忙碌"不只让人"心死"

有人说"忙碌"让人心死。

这句话听起来文绉绉的，却不是在开玩笑。

"心死"是什么？"心死"即自己不再是自己了。

近几年，有很多人隐隐约约地觉得已经"丧失自我"了，社会上出现了"寻找自然之我"的风潮。

也就是说，"真正的自己"这个词逐渐出现在人们的面前。

人们口中常常吐出"真正的自己"，也表明现代人怀着一种缺憾感——现在的自己不是"真正的自己"。

这种缺憾感本身也是人性的一种体现。

人是一种勇敢的可爱的存在，总是在"不可能"和"可能"两端徘徊着，小心翼翼地走在人生之路上。

所以，我想：

"其实，并没有什么'真正的自己'，有的只是'现在的自己'。"

而"现在的自己"是什么？是你现在所在的这个时刻，是你生活的这个环境，是你周边的物品，是你所在的空间的样子。

无论你身边有什么样的杂物，你最开始接触这些东西时，并不把它们叫作杂物，因为大多数的物·事·人一开始总带有赏心悦目的新鲜感。

但随着时光的流逝，我们和这些东西的关系或者对这些东西的感觉就发生了变化。这是自然使然。有时候这种变化是无可挽回的，尤其是人际关系中的这种变化更是无可奈何。

假如人与人的关系不会发生变化，也不会出现离婚等不得已的情况，更不会有什么传染性的抑郁症。

但不知为何，人们总是追逐着变化，又害怕着变化。

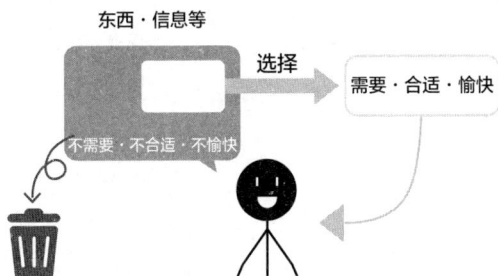

东西·信息等

选择

需要·合适·愉快

不需要·不合适·不愉快

放弃对于"现在的自我"不需要·不合适·不愉快的东西，
吸引入手那些需要的·合适的·愉快的东西。

　　可能因为如此，人们才执着于囤积早已没有必要的杂物。

　　可能因为如此，人们才执着于存储早已不再使用的杂物。

　　可能因为如此，人们才执着于紧紧抓住早已不能工作的杂物。

　　你可能已经明白了，我并不是仅仅指这些东西的问题。

　　从很早很早以前，我们就已经开始囤积、储存、紧紧地抓住不愿放手的那些早已不需要·不合适·不愉快的信息、人际关系和思维观念了。这才是让你整日忙忙碌碌却总也找不回自我的最大原因。

　　断舍离就是新陈代谢，就是逐渐清理掉人生中不需要·不合适·不愉快，学会放弃放手的过程，是逐渐吸引并收获需要的·合适的·愉快的事物的过程。只有通过这个过程才能重新找回遗落在人生灰尘中的自己的心。

分清做与不做，才能做回自己

商界有一个法则称为"兰切斯特战略"。强弱者各自有不同的作战方式。弱者的战略一般是将专长或者强项领域作为战场。

这也被称为"利基战略"。利基战略就是放弃非专长非强项的领域。

"道理都懂，但还是舍不得。"

本身背负很大的压力，还不得不继续做本来不需要做的事或是处理不擅长的人际关系。

断舍离和这种利基战略道理是互通的。

　　前几日，我进行主题讲座的一家企业也正在举行通过减少杂物，提高员工三个"kidou 性"的活动。

　　这里的三个"kidou 性"指的是挑战新工作时的起点冲跑——起动（kidou）、建设易于自由活动的工作环境——轨道（kidou），步伐轻快节奏平稳的工作方式——机动（kidou）。这家企业试图通过断舍离提高公司员工这三个 kidou 性。

　　也就是说，减少不需要的杂物，改善呆滞迟钝的工作环境，能一下子提高员工的工作效率。不过，比起私底下的个人住处来说，在岗位上爽快地处理杂物需要更多的勇气。

　　因为"随意把某些文件丢掉了，我可负不起这个责任"。

　　但是，像很久以前的项目摘要、基本上不会再见的本尊的名片等，并没有必要留着等将来什么时候会用到。

　　该处理的处理，该扔掉的扔掉，对一个职场人来说，一个干净清爽的办公环境比一个被文件包围着的空气混浊、心情沉闷的环境，身心要健康愉悦得多。

　　我们首先可以从办公桌的一个抽屉开始处理不需要的文件。断舍离讲求边失败边摸索，在反反复复中才能培养自己对东西该不该扔掉的判断标准。

第3章

扔掉多余的杂物，
提高空间认识能力

空间有富余，才能出现余白。

时间有富余，才能出现余韵。

人与人亲密有"间"，才能出现余力。

在各种杂物的包围下你是否能顺心工作

常常看见一些办公桌两边堆放着早就不用的文件，自己能办公的地方只有 A3 纸那么一小片儿。

那么，这时候我们应该做的是从上向下俯瞰自己的工作状态——自己是不是重视现在的工作？是不是珍惜手头的物品？

假如办公桌上的文件变成了废品、垃圾你会怎么办？

把废品垃圾换成生鲜食品就更容易理解。那些不舍得扔掉的废品垃圾成了"早已发臭的火腿"，没有人不会立刻扔掉。某些不需要·不适合·不愉快的东西虽然不算是垃圾，其实也已经是"干瘪无味的火腿"了。这种火腿，吃倒是可以吃，不过味同嚼蜡，毫无食欲。

谁也不会舍不得"扔垃圾"，"杂物"该不该扔就需要稍加判断。如果不能马上判断，向后推延，不知不觉又会被新的各种杂物围困住。

同样以生鲜食材做比方的话，就相当于自己打开冰箱，发现里面的食材不怎么新鲜，就提不起劲儿去做什么美食。

请带着"食材是否新鲜"的视角来观察一下自己的办公桌。办公桌上的东西与你的关系是否已经"腐烂了"？

不需要的杂物会腐蚀你的工作，而那些还能用但不再用的杂物会拖累你的工作。被这些东西围困的工作环境并非一个真正能做出成果的环境。

如果你是客户，你会找什么样的人去为你工作呢？

一定不是那位身处杂乱无章的办公环境里看起来迟迟推进不了工作的人，而是办公桌干净清爽看起来能顺利取得成果的人吧。

不再使用的东西、漫不经心地晾在一处的东西、早已抛到脑后的东西

正在使用的东西、勉勉强强在用却因为不顺手而随意摆弄着快弄坏的东西

带有强烈感情的东西、包含曾经回忆舍不得扔掉的东西

工作的成果成绩能从办公环境中的各种东西的状态窥得一二

想要发挥最高的工作效率，首先要整理你自己的工作环境。

招致腐烂和停滞

俯瞰自己的办公桌整体，就会发现"不需要的东西"
会招致腐烂，"没坏但不用的东西"会招致停滞。

从有形之物开始实践断舍离

思维，这种东西是看不见摸不着的，很难切实感受到自己有着怎样的思维。

人的注意力能持续的时间并不长，更何况还有各种各样讯息的干扰会导致注意力转移。

物品，反映着你的思维方式。因此，断舍离的实践可以从看得见的"物品"开始。

乱七八糟的杂物所散播的汹涌的负能量、充斥环境中的惰性因子等，在不知不觉中，我们对某些看不见的东西变得迟钝了。

因为我们所在的堆放杂物的空间让人五官麻木、熟视无睹，所以，各种负能量随着囤积堆放的杂物量的增加，也从最开始悄无声息的溪流到最后变成暗潮汹涌的洪水，侵蚀和围困着我们。

在推广断舍离的过程中，我常常遇到这些问题：

"东西真是不多。"

"挺能收拾的人。"

客户在征求我的赞同。

其实，我真的很想反问下："哪里有?!"当事人并没有意识到本质的问题，说明他们并没有觉得存在什么乱七八糟的东西。

总之，无论是杂物还是空间环境，只要人没有认识到其存在，就相当于没有这种东西，不存在这种空间。

也就是说，我们正在受到这种"不存在"的杂物和空间的影响。正因为我们没认识到或者不承认这种杂物和空间的存在，才使得我们看不清烦恼和问题的实质，导致寻找对策时才四处碰壁、六神无主。

其实解决方法很简单——扔掉家里多余的杂物即可。

不过，从客户的透露着些许惊讶的语调中，可以看出来我们在日常生活中还是隐隐约约地感觉到问题的根源在哪里。

其实，我们身边多余的杂物要比预期的多，空间的杂乱度要比预期的严重。要实践断舍离，就要先承认这个事实。

扔掉不需要的东西，也就避开了这些东西所代表的

扔掉杂物 　　工作量减少 　　腾出时间 　　避免时间精力的浪费

工作，也就挽回了对付这些工作要花费的时间和精力。精心挑选实用物、精简生活工作的物量是断舍离的行事风格。减少空间的浪费，也就减少了时间和精力的浪费。

断舍离的焦点主义

当我们决定实践断舍离时，会想到该从哪里下手吗？比如说，摆满文件的办公桌该先从哪里收拾？这时候就要先从场所、时间两个角度来实践：

今天有多少时间来做断舍离？

从哪个地方开始断舍离比较容易？

收拾一个抽屉也可以。收拾一个塞满收据的钱包也可以。

很多人觉得应该花一整块的时间来做断舍离，但工作繁忙的职场人根本找不到整块的时间。

所以，断舍离最开始的一小步关键是选择在有限的时间内解决一个问题。

一个小问题完全解决会有成就感。小成就感逐渐累积后就能做出大成果，这和工作是一个道理。

很多人觉得办公室的断舍离没有整块的时间是做不完的，所以很多公司把大扫除安排在年末。大家可以回想一下，是不是每年的大扫除都会清出大量的垃圾？其实这些垃圾就是不需要的杂物，我们至少在这些乱七八糟的杂物包围下工作了一年、半年，这种环境下的工作效率可想而知。

断舍离重视的是日常碎片行动，它和需要确保大块时间的年末大扫除的出发点正好相反——从当时能挤出的时间和在这段时间内差不多可以整理完的地方开始。

因此，无论再怎么忙也可以从今天、从现在开始实践。

当然，最重要的还是在有限的时间内完成相应地方的断舍离。如果收拾到一半突然要"下周再继续做"，那么既没什么成就感，环境更是比之前要扎眼。

工作也一样。不要拖延推后，也不要中途搁置放弃，坚持做到最好，做到最后，才能完成高标准的工作。

断舍离的内涵和工作的实质是相通的。

至于选择什么地方，可以自主决定，只要能达成目的，获得成就感就行。下面是一些参考指南。

重视工作效率

从平时经常利用的场所开始断舍离。比如，办公桌、抽屉、电脑数据库等。

沟通交流无阻

走廊、楼梯不要堆放杂物，确保物·事·人的来往通畅。

唤醒深层心理

尤其是看不见的场所，不愿意让人看的地方。平常不使用却知道不处理掉的原因的地方。比如说，桌脚、橱柜、仓库等。

利用三分区，对应时间轴，实践断舍离

人，本身不喜欢改变。

保持现状本身并不是坏事，也称得上保险。

但是，正如博物学家达尔文所说"只有改变的物种才能生存下来"，时代在改变，我们也必须做出改变。

但我们惰于改变的原因不是别的，正是改变的选项太多，导致我们无从选取。

这就是一种"决定回避定律"。

哥伦比亚大学的希娜·艾杨格教授曾做过一个著名

的果酱实验。准备两张桌子，上面分别摆上6种果酱和24种果酱，并且让相同人数的被试者品尝两张桌上的果酱。但是从最终决定购买果酱的人数比例上来看，选择6种果酱桌的人占30%，选择24种果酱桌的人数竟然是3%。没想到两者居然有这么大的差别。

从"果酱实验"中，艾杨格教授发现：比起较少的选项，较多的选项更让人难做决定。也就是说，人们更倾向于回避"选择"这一行为本身。

同样，在断舍离上也有这种倾向。

不考虑这个那个，最关键的就是决定"可以扔哪个"。

方便我们进行选择的有三分法。断舍离推荐我们选择时可以分为三部分。

这种"三分法"不仅可以应对杂物整理，它可以应用在各种领域，具有广泛的适用性。

"三分法"是指将东西进行"A、B、C"分类，进行归类整理的方法。

比如说将处理对象分为三类：

从使用频率上来看：经常使用的、偶尔使用的、几乎不用的

从价值上来看：重要的、不重要的、无所谓的

从情感上来看：喜欢的、讨厌的、无感的

如此分类，我们就能很快发现什么该扔、什么不该扔，也会认识到自己对待物品的价值观。

在工作上，可以按时间轴来做三分法。

如果只是一味地大致地觉得"文件堆如山""任务多如牛毛"地看整体工作，就会不知道从哪里着手断舍离。

把工作按照时间轴的"过去""现在""未来"分为三部分：

过去的：已经完成的工作（保管）

现在的：正在推进的工作（进行）

未来的：还没有完成，但无须立刻完成的工作（保留）

三大类工作

时间	状态	分类
过去	保管	上个月的会议资料
		去年的投标资料
		结项的汇报书
现在	进行	企划书
		下次会议资料
		议案书
未来	保留	提交中的报价书
		等部下提案的项目
		等上司签字的议案书

这样列出表后，哪项工作优先、哪项工作推后就很清楚了。

列表靠前的是正在推进的工作。交给部下的、等待报价后客户反馈的工作等属于"保留"部分，这些工作只需到时候确认即可，不必一直考虑着。

另外，文件资料也可以用"过去""现在""未来"的时间轴来分类，否则就会耽误时间去找现在正在推进的工作资料。

将工作分为过去、现在、未来三部分后，可以对"现在"部分进行再次分类。

再分成"今天""明天""下周"之类的具体时间，就能更清楚地进行本日工作了。

很多人遭遇过各种工作和事物突然接二连三地涌过来的状况，其中的多数原因在于没提前做好分类。

如果部下抱怨说"应该是优先这个工作，而不是优先那个工作"时，就说明你和部下的工作分类标准不同。

试着填入你的三大类工作

时间	状态	分类
过去	保管	
现在	进行	
未来	保留	

可能你是按照时间轴来分类的，而部下是按照好恶来分类的。

每个人所看重的关键点是不同的，这样很容易出现管理上的失误。

　　因此，我们在生活中与他人的对立和批判也许只是双方的焦点不同罢了。

限制总量，防止反弹

本篇要说职场上的杂物问题。

"没必要的东西就是没必要""没到手的东西就是没到手"。

人们因为没有看透这个显而易见的道理，杂物整理起来才这么没完没了。

近几年的住房中多处设有壁橱、衣柜、地板收纳等各种"眼不见为净"的收纳装置，让人们情愿把更多多余的东西收进这些"看不见的地方"。

办公室也是如此，各种各样的抽屉和货架做得越来越隐蔽巧妙，文件柜也被设计得既不占用空间，又能多多收纳资料。

这些隐蔽的收纳装置平常很难被别人看见，当然有时候连自己也不会瞟一眼。因此很容易让人养成不考虑其必要性而堆放囤积文件的习惯。

假如在这些"看不见的收纳装置"里塞100%的，甚至120%的杂物，一旦有什么紧急时候，可能会打不开，即便打开了，也会立即来一场"雪崩"。

"雪崩"之后还得花时间去找东西。

要解决这个问题，可以把收纳位置分成三类：

保管用收纳地：文件柜等

进行用收纳地：办公桌的方便拿取的抽屉等

保留用收纳地：办公桌的指定抽屉等

收纳时有三个关键点：

1 收纳空间不全占满，有富余

特别是保管新资料时，要限制保管总量，处理掉旧的不需要的资料。

2 用完后放入特定位置

那些习惯用完资料后放回指定位置的人，他们的办公桌一般干净整洁。而那些随手一放、不怎么收拾的人，他们的办公桌往往乱七八糟地堆放着文件。

3 把收拾东西养成习惯

临时的减肥暴瘦会立刻反弹，原因在于我们在强迫或者勉强自己的身体。同样道理，一鼓作气把塞得满当当的收纳柜清理得干干净净，过不了多久又会回到之前的满载状态。防止反弹的关键就在于随手收拾文件的习惯，保持收纳柜有富余空间。

办公桌上只放现在正在进行的文件资料，工作才能更顺利地进行。

很多人在办公桌上摆放着家人的照片，这种东西也是工作的一种动力，并不碍事。但是摆放过多的话，可能会妨碍工作。

即使是在美术馆，一般主图会在宽敞的空间中单独放置一幅，而次图等非重点图画是整体放在一处的。

同样道理，办公桌上只放置真正重要的资料，才能凸显其重要性。

电视里常常有"介绍名人豪宅"的节目。我们会发现，并不是把值钱的东西摆得满当当的才显得是豪宅，反而物量精而少、装饰简洁、有格调的住宅更显得有高级感。

有意识地规定限制家里的杂物量，既能方便收拾整理，又不必担心碰到什么东西，"打扫·擦拭·磨刷"的工作也会更轻松。办公室也一样，常常保持干净清洁，打扫收拾起来也会很方便。

办公室和住宅一样，干净简洁的办公室会显出高级感，透露出这里的人的理性和智慧。既能给客户留下好印象，又能提高工作效率。

在实践断舍离时，要注意限制总量，防止反弹。

人生存在"时间"和"空间"中。**空间有富余，才能出现余白。时间有富余，才能出现余韵。人与人亲密有"间"，才能出现余力。**我们根据时间和空间的"间"去思考，去建立周边的环境。

空间·时间·人的关系图

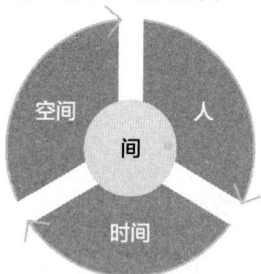

断舍离就是创造"间"的方法论

被各种各样的杂物占领了"间"，被空间和时间所牵制，就会失去余力。

从这个角度看的话，我想，大家可能意识到了——断舍离并不是指扔东西，也不是什么整理术，而是建立对人来说尤为重要的"间"的方法论。

摆脱杂物牵制，实现自立·自由·自在

前几章介绍了减少杂物，时间轴分类和总量限制的方法。下面就要进入收纳阶段——将东西放在方便拿取易于收纳的地方。

这里需要认识到的是排除步骤的琐碎和麻烦。

人，是很难长时间忍受麻烦的。

因为人们会觉得自己被"麻烦"缠身。

在拿取东西时尽量做到"即触即用式"。

也就是一两个动作就能达成目的的方式。比如你找文件时，需要打开抽屉，再取出箱子，打开箱子，才能

找到文件，这一连串动作非常烦琐。我们要做的就是消除这些烦琐，把动作精简成两步——打开抽屉找到文件。

另一点就是收纳杂物时要有意识地"立起来"。

也就是让东西"自立"。

我家里连毛巾都是竖起来放的。

首先规定好长方形的毛巾盒里最多放 10 条毛巾。

定好这个总量后，立起来放毛巾——这种方式也不会让毛巾变形。

假如直接放在抽屉里，我们往往就不怎么注意毛巾的数量，而且也不方便拿取底层毛巾。

一不方便，我们只会用上层的，而不会注意下层的毛巾。

观察自己家里是不是所有的东西都是方便拿取的。

想用的时候随手就能取用，这就是一种自由。

便利店的商品摆放也都是为了让顾客拿取方便。

不分优先度，直接把文件堆放在办公桌上的行为不会带来任何工作效率，只会增加工作的烦琐度。

堆放文件不仅降低工作效率，而且还容易被忽略。可以将文件装订归档，并立起来放置。书籍和手册也不要堆积，可以利用书立摆放好。

断舍离的具体实践

我们现在对自己的办公室进行一下断舍离。

先从钱包、文件、笔记本、备忘录、名片五种东西开始。

钱包

最随身的信息断舍离对象就是钱包。

钱包是我们和社会相联系的信息宝库。钱包里的钱作为每日的衣食住行的后盾,把我们与社会紧密地联系在一起。钱在钱包里稍事休息,就立刻开始新的旅程。

钱包相当于钱住宿的旅馆。

那么，你的钱在钱包里住得舒服吗？

你可以立刻打开自己的钱包看看，是不是钱包里面塞满的并不是钱，而是各种信用卡、商店的积分卡，还有各种收据、发票，等等。

基本上，我们的钱包里除了钱，还有必须用到的几张卡。

工作上的收据、收条可以直接用曲别针夹住，放入公司的抽屉里保管起来。自己私事上的收据、发票可以当场扔掉。需要记账的话，可以回家后立刻放入指定位置。

这么做可以给钱包减肥，实现并保持钱包的新陈代谢，也是招钱运的第一步。

最难断舍离的就是塞满各种药妆店、饮品店、服装店的积分卡的钱包。假如积分卡是常去的老店倒也问题不大，但是有的人的钱包里居然还保留有几年前偶然去的一家店的积分卡。从新陈代谢的角度来看，这是不可行的。

积分卡本身就是利用顾客"占便宜"的心理设计来招徕新顾客和循环老顾客的。也许积分卡确实能获得一定优惠，但是如果你把囤积分本身当成目的，就不会再想去其他店买东西了。以后固定去一家老店，日常生活的购物选择项就减少了。从这个角度来看，你不觉得自己因为一点小钱就失去了购物的自由吗？

另外，这种患上"代谢症候群"的钱包还有一个不好的地方。当你和朋友、同事或客户外出吃饭，准备付钱时，你拿出一个圆鼓鼓的塞满超多积分卡、收据、发票的钱包，看到这个的人会怎么想呢？

稍微敏感或想法较多的人会觉得你不怎么认真对待财物，甚至不擅长管理钱财。特别是被工作上打交道的人看到了的话，并不是什么好事情。

文件资料

先回想一下自己的办公桌，桌上的文件有没有堆积成小山？如果你的办公桌不但没有"文件山"，而且常常收拾得干净整洁，可以跳过这块内容。

请习惯乱堆乱放文件资料的人想一下：

除了那些法律和公司规定要求保管的资料或者房地产保险相关的某些税务资料，你的办公桌上或抽屉里存放的大部分文件基本是不再看第二遍却占用办公空间的杂物吧。

一般来说，大部分文件只要过了一定期限处理掉也没什么问题。

我不知道有多少人因为处理掉某些文件而遭受了无法挽回的损失。即便是因为扔掉文件而出现了失误，我想这种失误并不是什么致命的。

我们虽然心里很清楚，但出于某些"舍不得""嫌麻烦"的缘故还是随手把文件丢在桌子上堆成小山。这也是人本身的惰性使然。

那么，我们可以这样来整理文件。

如果你觉得某些文件很重要或者将来一定会用到的话，就立刻装订归档或者扫描成电子档，填上相关的日期和主题的文件名，放在电脑的特定文件夹中。

不过，我们基本上不怎么用转化成电子档的文件，所以还是扔掉吧。

虽然很难当着上司或同事的面，看完文件就直接扔掉，不过我们可以临时保管起来当个凭证。我们先决定好保存的期限，比如几个月或者几个星期，时间一到就能直接扔掉。

如果你觉得按时间轴管理文件比较麻烦，也可以"等文件堆到 ×× 厘米，就从下层拿出 10 厘米厚的文件扔掉"。

最关键的就是在收到文件后，及时判断文件的必要性。

一味地堆放文件不仅会占空间，让人视觉上不舒服，而且到真的需要某些重要文件时，又不得不从"文件山"

里来回翻找，一定会浪费时间和精力。

收到文件及时处理的习惯就可以避免这种浪费，实现办公室的断舍离。

笔记本·备忘录

会议或研讨会内容的笔记或备忘录也属于一种文件资料。特别是勤于做笔记的人，在短短一年会一不留神就能堆放好几本笔记。

记笔记做备忘一定是当时觉得内容非常重要才写下来的。但是，记录下的内容在将来能帮助工作的概率，并且自己也会反反复复地翻看的概率，尽管不能说是 0，基本上也不怎么高吧。因此，这些笔记、备忘录也应按三个月或半年的周期进行处理。如果还是感觉不放心，可以在处理之前大致地过一遍笔记。

说实话，我其实也是个笔记狂魔。我随身总带着 A5 大小的笔记本。每当我和客户做工作沟通，或者有幸和那些让我好奇、给我带来刺激的人士交流，或者独自一人吃茶突然来了什么灵感的时候，我都会在笔记本上写写画画，基本上都是一些关键词或小短文之类的。

不过，我只是随手写写罢了。以后也不会翻看阅读，旧的老的东西不会留着，直接扔掉。因为某一瞬间脑中浮现或者闪现的东西，已经以有形的稳定的文字形式，在脑中留下清晰的痕迹了。

所以，即便没有翻看笔记，在写博客或是电子杂志的稿子时，脑中立刻会重现这些关键词或小短文。就相当于必要的信息在必要的时候及时出现的感觉。

名片

我想，无论是谁在参加本行业联欢会或者跨行业交流会前，总是决心已定——"我要好好拓宽下自己的人脉！"

我们在会场上和很多人交换名片，搭话聊天，然后在第二天再邮件交流或是加上好友，等等。然后的然后却没有下文了。也就是你和他们并没有真正地结缘。

为什么自己并没有碰到什么真正的有缘人？那是因为在这些社交场合的人绝大部分都是带着"我要认识结交一些对我有好处的人"的目的来会场的，没有人会想"我今天要尽量给结交的人带来帮助"。

我并不是说去这种社交场合没什么意义，而是觉得在这些场合获得的名片并没有多大价值。老实说，名片并没有保留的价值。即便是真的碰见意气相投的人，一下子进入话痨的状态，也和有没有名片、交换不交换名片没什么关系。

即使当时并没有发展成什么知交，也会在其他时刻其他地方再次相遇，所谓"有缘千里来相会"，到那时再交换名片也不迟。

缘分这个东西是很奇妙的。我想有很多人曾经和大企业的社长或名流等社会高层人士交换过名片。即便是一时聊得热乎，但等聚会结束，你们之间的关系并没有太大的进展，工作上也没有太多交叉。

原因何在呢？

一言以蔽之，因为你和他们的境遇不同，才没有缘分。就像他们住在公寓的 30 楼，而你住在 5 楼一样。同一楼层的人平常会碰面打招呼，不同楼层的人基本上碰不到面。

换句话说，你如果不搬到楼上 = 不提高自己的境遇，就跟他们没什么缘分。而提高境遇，实现改变的方法就是断舍离。

我们再回到名片这个话题。在现在这个社会里，上网就能获得新好友，一键就能找到别人的信息。纸质的名片越来越没有保留的意义了。在第一次见面时认真地把对方的名片保管下来，随后再认真培养关系的，大概和那个人的缘分比较好吧。

　　我收到的名片都是外包处理了（文件的电子化和管理交给专家来做）。所以，我手头一张名片也没有。

　　我并不是强调名片必须扔掉。将纸质的名片进行电子化，在公司内部共享，也能灵活地应用在经营战略上。那些只乖乖待在名片夹里的名片真是一点意义都没有。

第 4 章

抛开杂念，摆脱情感牵制，节省时间精力

断舍离思维不仅能帮助我们发现工作的优

先顺序，也让我们看清楚"哪些工作可以

不做"。

日程表上的空白处才是忙碌的本质

你能想起来昨天早上到晚上具体做了哪些工作吗?

假如你每天都是"我昨天太忙了,真是记不得自己到底做过什么具体内容",可以说,这种状态下的你只是边拼命工作边掐自己的脖子,让自己喘不过气来。

一个人之所以能成功、能做出成绩,主要在于他们能设定明确的目标。明确达成目标的步骤和内容,然后一步一步切实地实践项目——是极为简洁的过程。

但是,在进行这个实践之前,最不容忽略的是明确什么事情不该做。

正因为如此才能理清楚应做工作的优先顺序。

假如该做的工作和不该做的工作掺杂在一起，不分轻重缓急，再加上临门一脚的突发事件，就相当于被他人剥夺了自己可支配的时间。

这种事情让人很被动。所以，为了找回工作自由，就要像对待杂物和信息一样，对自己的思维方式和时间实践断舍离。

另外，你的日程表是怎么安排工作的呢？

大多数职场人的日程表都记了一些会议、商谈、研讨会等与人沟通的安排。当然，只要是日程表上的安排大家都会认真实践。我们既不可能一下子和好几个谈工作的人碰面，又不可能同时出席好几个会议。

那为什么日程安排明明很得当，我们还是忙得团团转呢？

人为什么会陷于忙碌之中？

那么，日程表中未安排工作的时间段内你在做什么呢？这些日程空白部分就是深究忙碌本质的关键所在。很多觉得自己整天特别忙的人，其实对这些空白部分是不太清楚的。可能我们会遇上被上司着急要汇报、被要求马上做资料或者客户突然来电的突发情况，这些都是无法避免的。

但是像一些企划案制作、报价书制作、订购业务等工作是可以自主安排的。

假如你有两小时空白时间，既要做企划书又要做报价书。企划书做两小时，报价书就没时间去做了。也就是两小时内工作总量超标了。这种状况就相当于满当当的抽屉里已经塞不下更多文件了。这时候报价书只能安排到加班或者第二天来完成。如果今天做不成报价书，可以提前和客户联络，避免工作节奏被打乱。

你的日程表上的空白部分有没有出现这种总量超标的情况呢？

有意识地提前想好什么会让自己特别忙碌，才会看清哪些工作该做、哪些工作不该做。

	星期一 19	星期二 20	星期三 21
9:00 工作开始	早会		制作报价书 *3
10:00		路上	
	会面	B 社 PPT 说明	
11:00	制作资料	路上	
12:00	中饭	中饭	中饭
13:00			路上
13:30	路上		
14:00	A 社拜访	会议	C 社预约
15:00	路上		路上
15:30			会议
16:00	完成资料制作		
17:00 工作结束			

从日程表空白部分来检查工作总量是否超负荷。

预留宽松的工作时间

另一个让我们繁忙的原因是没有正确预估工作时间。

很多时候，工作比我们预期的要花时间。

比如说，预估报告书整理要用一小时。基本上没什么报告书是一小时内可以整理完成的，大部分都会花一小时以上。这样就会直接压缩报告书之后的某项工作。这样下去，我们不得不留下来加班完成工作。

我也经常碰到准备花两小时完成的稿子竟花了三小时。

尤其是创造创新性内容的工作，很难去加上时间的限制。即便是做事务文书性的工作，其间还有各种电话、邮件、SNS 信息、推送等让工作停顿的信息不断涌进来。

这种情况的解决方法同样是减法。对不必做的工作进行断舍离。如果不能断舍离时就给予具体工作宽松的时间。

工作和空间一样，都需要有一定的留白。

工作时间的预计可以多一点富余。

你可能会觉得"工作完成的时间太长、拖得太久恐怕会被批评"。但其实，工作时间安排得太过紧凑，如果有突发状况或者临时任务，你很难明确答复对方什么时间会做完。反过来，你说"今天要做这个工作，明天××点前我会回复您"，对方才觉得你的安排比较可靠。

我熟识的一些管理层中有人说，他不太看好那些被交代工作时反问最晚什么时候交的人。

他觉得"我现在交给你的工作就需要你立刻完成汇报给我",那些安排好自己工作的人会反过来查看自己的日程,给出一个提交时间。

假如大多数人5天内可以做完10项工作,那么就不存在晚交的情况。

如果一个人5天只能做完8项工作,他就可以在第三天和客户进行确认,听听客户的意见,然后抓紧更新下自己的进度,也可以在第五天完成10项工作。

那些3天完成10项工作或是3天完成12项工作的人确实备受赏识,但这些人的工作也是在做好日程安排的基础上才完成的。

毋庸置疑,如果被各种工作追着忙得团团转,有一些理所当然的工作也会落空。

有工作任务就意味着有委托工作的客户,要获得更高的评价就需把工作完成得超出客户的预想和期待。

改善和消解人际关系压力的方法

给予我们最大最强烈影响的信息，不是其他，而是人。

身边的人给我们带来的信息足以改变我们的人生。

你会发现，这个世界里，那些或是功成名就或是安贫乐道的人基本上都有着积极乐观的心态。或者说，带有积极心态的人可以获得社会性成功，也可以享受生活。人是靠信息生活的群体性动物，人际关系对人来说是尤为重要的。

一般来说，人不必勉强自己去结交不怎么聊得来的，或是提不起兴趣的，苦于与其打交道的，甚至让自己厌烦生气的人。

但这只是"原则"上的说法，实际生活中并没有这么理想。

如何处理好人际关系真的是非常发愁的一件事（我也不例外）。

日常生活中的家人、朋友、上司、同事、部下等，"因为我不擅长跟他们打交道，所以我就不需要勉强自己去打交道"的"原则"显然是行不通的。这种勉为其难的人际关系让我们身心俱疲。

那么，怎样才能减轻人际关系带来的压力呢？

遇到这种情况，可以不必考虑别人，先思考一下"自己为什么苦于和他人打交道""为什么自己讨厌某个人""为什么很烦与某个人来往"。这也不妨是一种小乐趣。与其来回考虑别人有什么问题，倒不如认真听听自己内心的声音更方便、更切实。

如果好好分析自己"不擅长""苦于"打交道的人就会发现，他们"不懂你"或者"没有按着你期待的方式做事"，也就是说你们的价值观不同。这其实就是你很烦恼与对方打交道的根本原因。

比如说，公司里，有些人是"不听指挥，在找借口和擅自做主上数得着的部下"，或者"总是忽略你的谏言的上司"，或者"总是和自己针锋相对的客户公司的部长"，等等。

比如说，在家里，有些是"看到刚刚下班回家一脸疲惫的你却不停地唠叨邻居家鸡毛蒜皮的小事的妻子"，或者"提醒过很多次却总是不收拾房间的丈夫和孩子"，你身边总是有很多有意无意地施加压力的人。

话说回来，所谓"别人"，就是不会100%地了解自己，不会完全地回应自己的期待，也不会完全为自己着想的人。其实，因为无法了解自己、没为自己着想的"别人"

而生气冒火的话，只不过是自己的期待过高而已。

那该怎么办呢？别人不改变的话，我就得改变自己吗？这显然也是行不通的。

这时候就需要我们利用断舍离来改变自己的立场和视角。首先，在"希望别人明白自己""希望别人回应自己的期待"的心理基础上，改变看待自己与对方的位置、距离、时间的角度。这么做并不是单纯地迎合对方，而是在自我轴（＝作为判断标准的价值观）的基础上有意识地向他人轴靠拢。

其实，你所讨厌的人、不愿意打交道的人也有家人和好友——这就是从其他视角来看待别人，发现别人的另一面。

也就是说，站在其他角度看待别人是改善人际关系的关键。

人们总是或多或少地在一些地方做得粗糙简慢。别人简单，自己简单，所谓"君子之交淡如水"，人际交往中注意把握好深度和分寸。

可能人生最大的压力都来自人际关系。把握好人际交往的关键，保持人际关系的良好状态，人生的大部分烦恼也会随之消解。

提高大会小会效率的方法

接下来，我来讲一下令职场人头疼的开会问题。

如果一开始能统一参会者的意见或者提出开会的前提，那么会议也能顺利进行，不会出现什么时间的浪费。

比如说，技术开发部希望以品质赢得市场，而营销部希望保证一定品质但要压缩成本在价格上获得竞争力，两者角度犹如平行线，目的不同，再怎么开会商讨也得不出一个令双方满意的方案。

这种情况下，开会前首先要定下来的是产品概念（走高性能路线？走低价位路线？）。定好这个前提，大家都朝着同一个目的地前进，才能做出最好的方案。会议才不会浪费时间，才会顺利进行下去。

如果你在公司说话有分量，可以对会议进程提出自己的建议，引导会议的走向。大家愿意把时间花在自己的工作上，不愿意浪费在开会上，所以应该有很多人响应。

在和公司外的人见面时同样如此。首先开会之前预测和准备一下对方会提出什么要求，或者会前想好提出什么程度的什么要求。商讨时要注意抓重点才能推动开会效率。

开会碰头时，有的人总是过度揣摩对方的心理，谈起事情来啰里啰唆，东拉西扯，不抓重点。有的人则一个劲儿地讲自己的要求，不顾对方的需求，让人听得云里雾里、目瞪口呆，以致意见相左，很难得出什么折中方案。但是如果在开会前能预想可能会出现的问题，就能防止这种情况发生。

　　简洁高效的交涉和商谈不仅能提高工作效率，也能提高公司内外对自己的评价。

被一概而论的作业与工作

提到"打扫"，大家会想起什么呢？

断舍离中有"整理""整顿""扫除（打扫·擦除·刷磨）"三种，这三种分类的顺序不能被打乱，否则打扫会不彻底。

"扫除"走在"整理""整顿"前面的话，打扫·擦除·刷磨的效率就会比较低，而且会出现打扫不到的地方。"整顿"走到"整理"前面的话，杂物就没有收拾好。

我想处理作业和工作也同样如此。因此，区分两者的话关键是要认识到什么叫工作。

正在阅读此书的人大多数都在从事某种工作。这里的"工作"并不是指上班、赚钱、干活等，而是"为他人或社会服务的工作"，一种我们连接社会、连接他人的"社会生命"。

无论是公司白领、个体户还是从事农业、渔业生产的人，或者是为家而忙碌的家庭主妇、为未来而努力学习奋斗的学生，每一个人都有自己的工作，都有"社会生命"。

而且，这种工作占了人生的一大部分比重，工作的充实度也与人生有密切关系。

没有"社会生命"的工作称为作业。它没有目的，任由他人摆布。

那么，如何才能让工作充实起来呢？

答案就在断舍离上。特别是掌握了如何进行信息断舍离后，工作质量就会明显提高。无论做什么工作，做之前都要思考，而思考是在信息的基础上。对信息进行切实的选择取舍（断舍离），才能获得高质量的信息，才能提出适宜的方案，获得高效的工作（行动）成功。

相反，当我们基于无价值的信息而进行思考和行动的话，结果不是失败就是低效，或者是眉毛胡子一把抓地收集信息，连自己都无法判断该按哪个信息走，甚至因此无法迈步。

| 甄别信息 | 入手高质量信息 | 周密确切的思维 | 工作效率提升 |

因此，信息在工作上是非常重要的。虽然我们因为信息的收集和使用早已伤透了脑筋，不过这些信息基本上都是在快速、大量地收集信息的"加法"思维下收集的。所以本章给大家介绍以断舍离的"减法"思维，帮助大家处理杂物和信息。

领悟到断舍离的内涵，才能更有信心更果敢地面对工作和人生的挑战。

信息过剩时代的"减法工作术"

可能读到这里，大家会隐隐约约地意识到断舍离能在各种领域减轻各种负担。

利用断舍离的"减法"，处理掉"不需要·不合适·不愉快"的杂物和信息，减轻大脑负荷，腾出空间，自由自在地支配时间。尤其适用于那些常常因为工作和家庭而"忙碌""找不到时间"的职场人。

首先你要想想为什么忙碌，为什么找不到时间？

在工作和生活中有没有浪费什么时间？比如，是不是常常在办公桌上找不到需要的文件和资料？是不是在回邮件和刷网页上花了很多时间?

　　或者是各种毫无结论的会议或商谈消耗了时间,外出拜访客户却没有收到相应的效果,和对方公司关系比较好的负责人扯了很多工作以外的闲话,等等。

　　另外,你下班回家后会怎么过?漫不经心地瞟几眼电视或随便刷刷网页?打游戏打到半夜?

　　忙碌,找不到时间总是有原因的。

　　如果你一时找不到原因,可以花两星期或一个月的时间做个行动笔记。记录一下自己做过什么事、去过什么地方、见过什么人之类的。之后,你再翻开这本行动记录,就一定能发现自己花了太多时间在无意义无价值的事上。

　　有意识地把断舍离带入生活中,你会自然而然地清楚事情的优先顺序。

　　比如说,有的人把日程表上要做的工作或要开的会写在便笺上,贴起来,等完成工作或开完会后再撕掉便笺。撕掉便笺带来一种工作的成就感。这一点和断舍离是相通的。

断舍离思维不仅能帮助我们发现工作的优先顺序，也让我们看清楚"哪些工作可以不做"。

比如说，所谓能"加深拓展社交"的同事、客户之间的"聚会"，或者工作以外的杂事，等等。假设你负责一个项目工程，在推进过程中你发现项目花了很多时间和精力却没能提高收益，这样下去很可能因某个问题而出现亏空。出现这种情况后，那些不具备断舍离思维的人很可能觉得"之前已经投入了那么多时间和精力，一旦向公司报告真实情况的话，很可能都白费了，自己也会被公司说三道四"，索性睁一只眼闭一只眼地摸黑继续走，以致工作漏洞越来越大，越来越深。这就是断舍离要摒除的"执念"。

仔细想想，自己完成工作项目的最终目的是"提高收益"。因此，一旦发现这种项目达不到目的，就应该立刻终止，再认真找其他提高收益的项目，迅速展开工作。

会议资料	✓ 会议资料
A 社报价书	✓ A 社报价书
汇报部长	✓ 汇报部长
去 B 社做推销	✓ 去 B 社做推销
对 C 社的提案	对 C 社的提案
文件整理	文件整理
PPT 资料	✓ PPT 资料

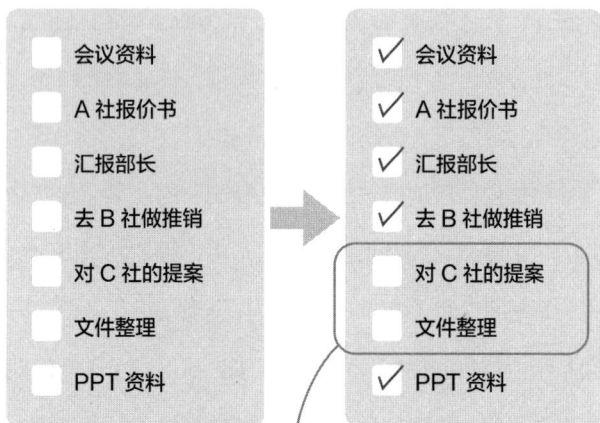

不能做的事情 = 今天不做也 ok 的事情

搞不清自己为啥忙得团团转的人一旦做好行动记录，
就能找到某些无须动手或做了会浪费精力的事。

聚焦"现在·此地·自我"

一天 24 小时，我们被各种各样的情绪支配着。

无论是工作，还是生活，有的情绪会给我们带来好运，有的也会让我们倒霉、栽跟头。我们高兴的时候（愉快、欢乐），工作和生活里处处都有好消息，即便出点小问题，也完全不介意，享受着生活的欢乐时刻。

而当我们内心充斥着不安、恐怖、愤怒、嫉妒、执念、焦虑、自厌、烦恼时，吃饭饭不香，工作上偏偏会出现一连串的异常问题。什么想法、灵感更是通通消失了。

据说，像铃木一郎这样的世界顶级选手，除了保持绝佳的身体条件，更是特别注意心理和精神上的健康。

在消极情绪的笼罩下，内心焦虑不安，很难让人发挥出平时的能力。

那就让我们彻底地甩掉阻挠人生的坏情绪吧。

当然，口号喊起来简单，做起来难。我们要做的不是"甩掉"这些糟糕的坏情绪，而是改变自己看问题的角度和位置。

包括烦恼在内，人会有各种各样的消极情绪。这些消极情绪归根结底都是从"不安"中延伸出来的。对未知的事物的不安滋生出恐怖感，担心自己的地位受威胁，担心自己会失业的不安滋生出愤怒和嫉妒。

人们口中常说的"过去的挫折也是一份经验""对未来充满希望"其实并没有把"现在"的自己代入其中。

重要的不是过去和未来，而是现在自己的情感和情绪。如果现在的自己内心惶恐不安，即便努力改善过去的印象，找到未来的希望，也是暂时的昙花一现，不久不安依然会找上自己。

我们首先要直面不安，努力消化不安才能改善过去的印象，改变未来。

不安的本质

我们来想想什么是不安。

我们到底对什么东西感到不安呢？不安大致分为"不足的不安"和"丧失的不安"两种。

"不足的不安"指的是"担心以后东西不够的不安"。比如，上了年纪后担心生活费不够的不安，不买某个东西的话以后会出问题的不安，等等。

比较麻烦的是，一种"不足的不安"解决后，就会出现新的"不足的不安"，这种不安是持续不断的。我曾经见过一位独居老人囤积了两百多卷厕纸。

她就住在狭窄沉闷的被厕纸包围的房间中。

一般来说，这些厕纸的量对一个独居人来说已经足够了。但是每碰到超市打折，她都会继续买继续囤。因为不安而买，因为不安而囤积，买得越多囤得越多，不安也就越来越多。

无论是什么东西，用量都是一定的。我们要认识到日常生活真正需要多少用品，也就是说，在必要的时刻拿取必要的分量，这种生活才不会出现什么"不足的不安"。同时也会恢复自信——在必要的时候能获得必要的东西。这里的东西不仅仅指实物，还包括钱或信息。

"丧失的不安"是指失去现有的东西的不安。表面上看它和"不足的不安"正相反，其实两者本质是相同的。

两种都是一种执念，也就是两者的时间轴偏离"现在"，向未来靠近。想要解决这种执念，就必须有意识地不让自己的注意力放在"不足"这单独一点上。因此，首先要完全将焦点放在眼前的物·事·人上。

嫉妒和愤怒的来源

这里我们来思考一下嫉妒及由嫉妒而滋生的愤怒情绪。

其实，嫉妒和愤怒的消极情绪可以通过改变自己看问题的角度和位置来消化，有时候甚至可以转化成对自己有帮助的积极情绪。另外，让你嫉妒的人到底是什么样的呢？无外乎是那些比你成功的人，比你拥有更多的人。

土豪大款、权威名流、达官贵人，或是德高望重的人、风度翩翩的人、精明能干的人（头脑机敏、强壮有力、工作得力）、每日怡然自乐的人，等等。这些人有的是熟人，有的是电视、网络上的明星。

另外，嫉妒这种情绪有不同的表现形式，有时候是"自己觉得真的好羡慕他啊"，有时候是"反正看见他就来气冒火""凭什么是他啊"。

处理嫉妒情绪的方法是断舍离调整立场的精华所在。

如果发现通过自我启发仍然有嫉妒心的出现，就说明自己并没有给情绪分类。嫉妒也分积极和消极。我们需要留下积极的嫉妒，消除消极的嫉妒。

也不必勉强自己一下子把所有情绪都消除。就像处理杂物一样，没有人会一口气把家里的东西全部扔掉，扔掉之前首先要进行选择和判断。

改变情绪也需要选择和判断。

首先，坦诚地告诉自己为什么会嫉妒那个人。一般都是"因为特别羡慕某个东西，那个人有，自己却没有"。

那么，只要自己得到这种东西，嫉妒心也自然而然地会消解。

那么，我们怎样才能得到呢？

其实最简单的方法就是模仿。仔细地观察那个人的举手投足、思维方式等，进行彻彻底底的模仿。这种方法是最简单最便捷的。比如说，像书法、插花等爱好，柔道、合气道等格斗术，都从描画和模仿师傅的动作开始。像玩乐队，先模仿自己喜欢的职业音乐人的歌曲。

在不停地模仿和复制的过程中，自己的能力逐渐提升。在不知不觉间就发现原先不会的东西现在已经有模有样了。

从这个角度看，嫉妒变成了超越自己、提升自我的正能量。

像这样改变看问题的视角和位置，把负面情绪转化为正能量的方法正是断舍离的精华之一。请利用断舍离，来挑战一下自己的负面情绪吧。

你很清楚"舍不得"的原因

团块世代[1]之前的人经历过长时间"物资不足的年代"——"食物不足""衣料不足""家电不足""住房不足"等。在他们的价值观中"能到手的东西就得到手留着"是绝对的，毋庸置疑的。无法否认的是，正因为这种绝对价值观把现代日本打造成物质资料充裕的国家。

但是，现如今我们隐隐约约地意识到当年的价值观

---

[1] 团块世代：指日本在 1947 年到 1949 年之间出生的一代人。此时正值日本二战后出现的第一次婴儿潮时期。——译者注

并不是绝对正确的，只不过反映了事物的一方面罢了。

在泡沫经济崩溃后的"失去的 20 年"中，虽然社会弥漫着"市场不景气"的气氛，但为衣食饱暖发愁的人并不多，街上行人穿着整洁亮丽，可见人们的生活虽然说不上多奢侈，但几乎找不到什么因穷困而要死要活的人，基本上都是普通人过着普通生活。

即便如此，当我们俯视日本社会整体时，会意识到如今的日本人无法停止自己追逐"更多、更快、更新"的步伐，他们依然对未来有着莫名的焦虑与不安。

尽管我们意识到这是消极的，却无法轻易地摆脱这种情绪。原因在于在现代社会，犹如洪水猛兽的信息资讯与实体的物品相比有更棘手、更麻烦的特性。

医学上的某种假说认为，人全身的细胞在 3~4 个月就全部更新一次。也就是所谓的肉体"全更新"。这种假说并不是指我们三四个月就会改头换面或大病痊愈，就像身上的一大片烧伤或伤口痊愈之后，经过多少年也会留下痕迹。

细胞更新了，为什么疾病和烧伤痕迹还在呢？

这是因为细胞与细胞之间有"信息接力"。在每日的新陈代谢中，老细胞把本身的信息传递给新产生的细胞。比如老细胞说："别忘了留下这个烧伤痕迹""我直接交接这种病"，新老细胞之间会进行这种"对话"。

老细胞说这是"癌症"，那么新细胞就继承了"癌症"。相信很多人觉得新老细胞的交替对话不可思议，但无法否认的是我们作为社会整体的一部分，自身也和这种细胞一样做出同样的行为。

同细胞交换的信息一样，在你丢不掉的事物里寄居着你的感情和回忆。

摆脱人言造成的自我洗脑

在日常生活中，我们常常被父母或周遭的人的某些话或是某些思维或想法洗脑，也同时在无意识地倾向于自我洗脑，倾向于支持赞同这些洗脑内容。

诚然，他人言语或想法并非完全不可取的（有很多受教的言论或思想也是积极向上的），但是对于那些自己不需要·不合适·不愉快的信息也不假思索地囫囵吞枣，这种拾人牙慧的倾向是非常危险的。

老细胞是癌细胞，并不能说明新细胞一定就是癌细胞。同样，父母、亲人、周遭的熟人、朋友的言论和想法听听是可以的，但并不是说你一定要原原本本地按他们的要求和劝慰去走路。

信息既可能有"科班毕业"的，也可能有"半路出家"的。如果能俯视观察整个无意识的洗脑状态的全局，就能看得更清楚、更理智。

比如说，"我们现在身处的这个世界好像和以前物资不足的年代不同""周遭人的言论并非都是事实""不一定要按着社会主流思想来过活"等这些话。

这些道理谁都能说上个一二，可惜每当让内心骚动的某些消息传来时，我们往往会不加斟酌不假思索地寻找和实践见效最快的法子，以迅速熄灭内心的焦虑之火。

甚至，当我们内心默认或接纳某些言论和想法后，我们自己的思维就无法更加深刻更加深入了。

比如说"压力"这个词。当别人来一句"你最近看起来没多大精神，是不是有什么压力"。于是，你把自己没精神归结为压力，然后就不再思考为什么和怎么办了。

　　仔细想想，我们只不过把"没精神的状态"贴了个"有压力"的标签，其实并不懂其背后真正的原因。表面上知道了，却自动忽略了最关键的问题——怎么做才能再次打起精神。

　　类似这种"压力"的问题时常在我们的生活中发生。

　　言语既能让我们明确思想，也能让我们停止思考、自欺欺人。在日常生活中，我们要有意识地思考言语本身令人困扰的一面。

　　父母、亲人、朋友、熟人，或者自小接受的教育、电视、广播、互联网、纸媒等各个方面提供的讯息中有很多是极好的，对自己有相当益处的东西。同时，这些讯息中也有很多当事人无意识地发出的，且对你来说是"不需要·不合适·不愉快"的东西。

因此，面对各种各样的信息，决不能囫囵吞枣地全盘接收。

首先要意识到自己一直以来没有重视自己对于信息的接收方法。这种自觉意识本身就是改变的开始。

最开始要知道给你信息的人（信息发出者）与你的价值观不是完全相同的，对"不需要·不合适·不愉快"的信息进行断舍离。

这样才能体现人的自主性，灵活运用断舍离打破被动"保守"思维，形成主动"进攻"的思维，扭转消极被动的人生。

因此，对信息进行筛选，然后断舍离，才能从不安的人生状态中毕业。

他人的工作看起来不得要领

断舍离的铁则之一就是"不要动他人物品"。

特别是家人的物品。

以前，有个太太准备扔掉先生的西装，因为先生已经退休，派不上用场了。结果被丈夫嗔怪说："是不是连我也要扔?!"

她的先生之所以这么说，是因为他把自身的存在投射到西装上了。

无论是家里还是公司，很多人对他人的东西抱有疑惑，"干吗放这种东西呢"。

那些你眼中犹如垃圾、破烂的东西，在他人眼中可能是某种投射或是某种代表物。

每个人都有某些原因舍不得某些东西。

放在工作上来讲，有时候我们也会觉得别人的工作不得要领。

勇于拒绝，邂逅机遇

本章我们来看看人际关系中的"拒绝"行为。

我想，大多数人对于无关紧要的人提出的无关紧要的要求都很容易说"不"。

问题是，当对方不是什么无关紧要的人，而是工作上比自己厉害或比自己有优势的同事、上司或者客户，生活上关系密切的朋友，曾承蒙关照的恩人，等等。

老实说，这时候确实很难拒绝。

因为怕自己的一声拒绝，会伤害对方的感情，会破坏双方的关系。

　　首先，就"怕自己会伤害对方的感情"一点来分析的话，换句话说，这是一种担心自己变成加害人的恐惧心情，也许怕自己背负罪恶感。

　　这里希望大家看清的是：即便对方因为被拒绝而感情受伤，自己也不必为这种受伤负责。虽然结果上比较遗憾，但你只是按照"自我轴"来做的，没必要背负什么罪恶感。倘若你勉强自己接受这个要求，内心焦躁不安，反而让自己变成了受害人。

　　话又说回来，所谓加害人受害人的概念根本不存在，无论是拒绝还是被拒绝都只是单纯的事实。担心或是害怕本质上其实是"钻牛角尖儿"，是"想太多"。该拒绝的时候要断然拒绝。

　　下面我们来看看自己与对方的关系。

　　假设当你邀请别人的时候遭到了拒绝，你会生对方的气吗？你或许会觉得对方也有自己的事情，拒绝其实也是无奈之举。

同样，当你拒绝别人的时候，对方也会考虑到你的情况，尊重你的决定。这才是真正的信赖关系。

只要不是极为傲慢骄横的人，拒绝或被拒绝都不至于关系破裂。

假如仅仅因为拒绝而关系破裂，那就要好好想想还需不需要维持这段关系了。

之前我列出来人际关系几个负面，并探讨了如何处理的对策，但实际上作为社会性的个体，我们不可能脱离他人而生存下去。人，才是最强最厉害的信息源。我们可以充分利用这个信息源，体味人与人之间的关系，才能真正领略人生的精髓。

但是，我们没有必要胡乱拓展人脉，也不用勉强自己脱离家人、同事这种摆脱不了的人际关系。

我们如何充分利用"人即信息"，把令人头疼的人际关系转变成愉快舒心的关系呢?

首先要对"人即信息"这一概念进行了解、琢磨和吸收。为此,我们要找到自己的"师傅"。自己要从心底信任、尊敬这位师傅,接受师傅的教诲,观察师傅的一言一行,并反复地琢磨,吸收而后转为己用。师傅就相当于再生父母。

师傅并不一定是有社会地位的人或是受欢迎的人,只要你觉得"我想从这个人身上学东西""我想吸收这个人的能量,感受这个人的智慧",那这样的人就可以称得上"师傅"。

遇见优秀的师傅并不是一件容易的事,但只要是个有心人就一定能碰到。教育家森信三老师曾讲过一段名言,也是我的座右铭:人的一生中一定会遇见该遇见的人,并且恰逢当时,不早不晚。而这样的遇见也常常出现在我的人生路上。

抛掉对称呼的执念

当说到"社会生命"时，我们不得不提到其中最重要的自我的社会立场或周边人的评价。

比如说，在公司里的职务头衔，别人对自己工作的评价，或是在局域社会中的角色，等等，最熟悉的像"××的爸爸""××的妈妈"等，也相当于社会地位。

举个极端的例子，假如你没有从事任何工作，也会被挂上"无职业"的称呼。人，身处社会，不可能和社会地位或他人评价这种"信息"不产生任何关联。

在公司这种以特定目的进行活动的组织中，人的地位、头衔或者薪资待遇都反映了公司对其工作总量和质量的评价。也就是说，认真工作、提高业绩就会升职加薪。

反过来，工作做不出成绩只能是职位平平、薪资平平。正因为如此，很多人把"称呼"当作一种激励或动力，拼命工作，并认为工作做出的成果转化的社会地位或他人评价（薪资待遇）是一种骄傲的资本、一种成就感。

但事实上，很多人（自己觉得）自己的工作成绩并没有收到正确的评价。比如说，很多不如自己的同事或新人都升职加薪，自己拼命工作换来的却是左迁降薪，等等。

事与愿违，让人沮丧不已。

因为这个组织不懂你的能力，没有正确评价你的工作。自己勤勤恳恳地工作竟然得不到回报……

这里需要你注意的是，"沮丧""失望"其实也反映了你对地位、称号的执念。还有，你抱怨组织"不懂你的工作""没有正确评价你的工作"，也说明了你对这个组织比较依赖。

这时候，你需要首先重拾从自身出发的"自我轴"。重新审视自己的工作，改变以前看待工作的视角和立场，然后认真思考。

另外，我们从有别于组织的其他视角来思考一下头衔称号。

不知道大家有没有这种经历，当你和一位自由职业人相互交换名片时，不经意翻到交换到的名片背面，就被名片背面印着密密麻麻的资格头衔吓了一大跳。因为我自己也算是自由职业人，经常碰到同行，有时候会交换到这类名片。虽然不算是密密麻麻，有的人确实持有好几个资格证书，或是正在考取某类资格证，这样的人可能大家身边也不少。

也许你自己也正在努力考取某类资格证书。

像医生、律师、会计、厨师等需要专业知识的职业是必须有资格证书的。有些公司白领的岗位也需要持有资格证。

这种必需的资格证暂且不说，很多人考取了某些"××咨询师""××筹划员"等类似的资格证，禁不住让人怀疑"是不是真的对工作有帮助"或是"干吗花力气去考这种没用的证"。

每当碰见这样的人，我总对名片上罗列的资格证抱有怀疑。

我想，因为"资格证"代表一种职业或专家，我们会想当然地认为"拥有资格证，自己就在社会中拥有价值，能为人所用"。但是，我们首先需要明确的是资格证只是一种资格证，是一种工具手段。拥有资格证仅仅能从"封面"说明你在某方面有资格，却说明不了"内在"的真才实学。

最重要的就是"内在"。首先要思考的是你是如何同社会关联的，想从事什么工作，或者现在在做什么工作。

　　如果是在公司工作的职员，首先要彻底想清楚"这个资格证对我自己有什么实际帮助"。否则，与其把大量的时间、精力、金钱投入到考证上，倒不如用在其他地方，给人生带来更好的结果。

知行合一练习法

"断舍离"中的关键词之一就是"知行合一"。

如字面意思一样，知行合一指"认识和实践相统一"。

那些"言行一致"的人受到众多人的仰慕和尊重，他们是很多人的榜样和模范。

反而那些学富五车、口若悬河却言行不一致的人时常受到他人的轻蔑和鄙夷。

知行合一的人虽然不一定博闻多识，但他们能重复体味现有的信息，与长期积累的人生经验和智慧相结合，总结之后，才付诸行动。

这样的人并不是单纯地囤积知识，他们备受周边人的信任，才获得长足的幸福。

想改变，想成长，想升华，我们最先要走的一步就是重新审视自己和物·事·人之间的关系性，重新思考过剩的物·事·人，看看自己是否真的需要这么多的"杂物"。

这是一小步。

这仅仅一小步，就能引导你摆脱"不自觉的世界"，走进"自觉自律的世界"。一旦进入后者的世界，内心的齿轮开始缓慢但有力地转动起来，回过头来才发现"原来自己一直沉湎于过去""原来自己是如此的不安焦虑""原来自己这么安于现状"。

仔细地听内心的声音，齿轮正在吱吱咕咕地滚动，看上去好像在空转，其实正在螺旋式向上盘旋，你也因此正在改变着、成长着、升华着。

　　一个人的改变、成长和升华，两个人的改变、成长和升华，越来越多人的改变、成长和升华将会给整个社会、日本、世界，甚至宇宙带来越来越大的动力和推力，促进着所有一切的改变、成长和升华。

清除心灵锈迹，回归审美意识

　　我想通过断舍离，通过本书达成一个目标——回归审美意识。

　　在日本这个国家居住的我们原本就有较高的精神力，带有深厚的文化感。但是，不知从何时起，我们逐渐遗忘了这种精神力和文化感，挣扎在强大的讯息涡旋中，以消极的态度看待自己、社会和国家。我们逐渐丧失自信心，忐忑不安地自我否定与自我苛求。这种精神力的瓦解和崩溃绝对是无与伦比的浪费，要比人们口中常常絮叨的"扔东西就是搞浪费"的浪费更深刻更严重。

　　我们要重新找回、重新夺回日本人原有的清高秉性、高贵姿态和审美意识。

　　重拾自信，消除不安，积极肯定地对待自身、社会和国家。如果每个人都能积极向上，现在人们所目睹的日本社会由于机能体系不完备而产生的各种各样的问题也会烟消云散的。

　　身为日本人的我首先想到的当然是日本社会，但如果全世界的人都能领悟到这一点，日本，甚至世界，乃至宇宙都会出现巨大的影响。

　　人，作为一种生命，本身就具备审美意识。

　　重新唤醒这种审美意识的方法很简单——只需将我们成长过程中附着在内部智慧天线上厚厚的"锈迹"清除，并不需要在自己身上"安装"其他东西，只需要将某些类似积灰污垢的废物、锈迹"卸载"即可，那么原有的审美意识就自然而然地恢复了。

　　生命天线的"锈迹"有时候以"杂物"的形态，有时候以"知识""讯息"的样态出现。在一定场合获得特定知识，随着时间的流逝，也许会逐渐变成"锈迹"，对内部智能产生消极影响。

因此，一个健全的新陈代谢循环就需要我们定期地清除"锈迹"，疏通我们内部和外部环境中的"堵塞"，建立一个"通畅的身体、通达的大脑、通风的环境"。

第 **5** 章

自主把控信息的流入

我们可以在输入信息时，考虑一下"我们
准备怎么利用这些信息"，有意识地寻找
信息出口。

你在"吃"什么信息

在现代社会，我们轻轻敲击键盘上网，几秒钟就能轻松知道不懂的事。人们越来越重视的不是"如何更快、更多地收集信息"，而是"如何利用信息""如何获得相关信息来帮助自己和别人实现幸福"的能力。

而这种能力是人独有的，不管技术多发达、机器多先进都无法比拟。

看清自己真正需要的必要信息，严格筛选信息，尽可能地不接触、不摄取不需要的信息。这才是吃"信息"的正确态度。

人类之所以能够在地球上生存下来，主要因为每日摄取食物、水和空气，吸收必要的营养成分和氧气，排泄出不需要的废物。而且，只有时常摄取适合自己的高品质食物和水，呼吸干净的空气，才能保持健康。反过来说，常常泡在垃圾食物和碳酸饮料中，呼吸着浑浊的空气，再怎么健康的人都会生病。

近些年，越来越多的人开始关注食物和水。摄入营养均衡的食物，饮用干净的水来保持健康、增强体质是日常生活中尤为关键的事。

但是，我们一方面对食物和水过分敏感，一方面又对塞满杂物的家和办公室（空间）的浑浊空气和环境熟视无睹。因此，在每次介绍断舍离时，我都反复地强调"要彻底地消除浑浊的空气和杂乱的环境，我们就要严格挑选自己真正需要的东西"，"才能享受愉快通畅的环境"。

一言以蔽之，断舍离是没有终点的。就像你不可能吃一次高营养、高品质的食物就能永保健康。同样，我们的居住环境不可能因为一次断舍离就会一直干干净净，无须整理了。只要生活下去，就要严格筛选适合自己的食物和饮料，严格筛选带入居住地的各种新东西。

断舍离并不是要求"必须扔东西，不能买新东西"，而是提倡"严格筛选东西，挑选出对现在的自己是需要的·合适的·愉快的东西"。

严格筛选物品，也要严格筛选大脑摄取的信息。

左右我们精神健康度的不是别的，正是信息。即使我们吃高品质的食物和水，呼吸着断舍离之后干净的空气，享受着整洁的环境，但如果大脑依然在摄取犹如垃圾食物或废品的信息，那么我们依然还是无法保持身心健康。

信息不像实物，本身是无形的。假如被人提点"家里杂物太多"，那么你确实能用眼睛看到"自己家里堆满了不需要·不合适·不愉快的杂物"，但是信息是无形的。即使脑中充斥着不需要·不合适·不愉快的众多信息，我们还是无法"眼见为实"。实际上比起看得见的"实体杂物"，看不见的脑内的垃圾信息的量要多得多。

不需要 不合适
不愉快 不需要
不合适 不愉快

这些不需要·不合适·不愉快的事物阻碍人的
精神流畅性。

当你摄取的各种不需要·不合适·不愉快的信息越来越多，就像家里不断涌入的堆积如山的不需要·不合适·不愉快的杂物一样，甚至比杂物更能引起精神上的"阻塞"。

我们像吃东西喝水一样汲取信息。因此，我们应该像关注食物一样，对信息进行筛选，汲取，反复体味，消化，内化成自己的东西，并且将不需要的信息排出大脑。这种新陈代谢才是良好的信息循环，否则会产生身心失调。

特别是现代社会，不仅仅是饱餐时代，更是信息饱和时代，如果不对自己汲取的信息加以关注，身心新陈代谢的循环就会受到巨大影响。

很多人面对某些"可能有用""看起来不错"的信息，只出于"总会用到""反正又不占地方"的轻率想法，便不分轻重优劣地胡乱收集，而且并没有认真地思考体会、内化和创造。

一种是对信息胡吃海喝的人，一种是爽利摒除不需要的信息，严格汲取对现在的自己必需的信息，并认真琢磨，转化成自身的知识再创造的人，这两种人哪种能够活出自我、享受人生，想必是一目了然的。

你想成为哪种人呢？

如之前所讲，我们生活在信息洪流的现代社会中，其汹涌程度要远大于大脑的信息处理能力。对于现代社会的全部信息，我们既无法也没必要全部去掌握。比起掌握信息，更重要的是如何有效地利用我们有限的信息处理能力。

无用信息会阻碍行动

舍不得"扔东西"的一个原因就是"思念"。因为东西包含其所有者的执念（思念）。

换句话来说，东西上附着"信息"。

信息本身带着很多标签——花大钱的、占便宜的、社会评价高、明星都在用、钟爱大牌、珍爱之人的礼物等。

实际上，我们正是通过持有和消费实物来持有消费信息的。正因为如此，持有某个东西的人在受到该东西的附着信息的影响同时，其附着的信息也反映着这个人的潜意识思维。

举个简单的例子，假如一个人的办公桌上放着 5 支或 10 支相同颜色的圆珠笔。准备这么多备用笔主要是怕工作途中正用的笔坏掉。但仔细想想，备用一支笔就完全够了，即便是不准备备用笔，写不出来的时候再买新的也可以。并且，只放一两支笔的桌面显得非常干净整洁。

那为什么这个人要预备这么多笔呢？

也许是他潜意识中"工作途中笔不能用的话该怎么办啊"的不安在作祟。可能这个人除了在办公室囤笔，在自家的收纳柜里估计也囤了几乎用不完的厕纸等日用品。

如果他能开始实践断舍离，意识到自己是这么爱囤积东西，意识到自己囤积杂物的原因在于自己潜意识里总对"东西不够"怀有不安感。如果他有意识地严格筛选家用的杂物，不再囤积的话，他的人生会逐渐走得比较舒适。

断舍离让我们重新关注自己周身的杂物，思考这些杂物的来历，重新审视这些杂物对现在的自己是不是需要的·合适的·愉快的。我们在整理这些看得见的杂物时，也同时整理着附着在杂物上的执念。而后者才是断舍离的真正目标对象。

之前在解说断舍离时，我一直把杂物作为核心点，并通过人与杂物的关系来研究其背后的信息。从这里开始，我将朝着"信息断舍离"的方向更直接地探讨信息。

信息的"断"

在日常生活中，我们接触到量大到甚至能引起晕眩的信息，但同时又在不停地追逐收集着越来越多的信息，好像被谁在身后逼迫追赶着一般。

为什么我们在不停歇地追逐着"更多、更快、更新"的信息呢？换句话说，为什么我们一直不得不被信息穷追不舍呢？

即使获得最新最多的信息，我们依然摆脱不了不安感。

比如"不知道这个东西可能被人笑话""不懂的话

会被人超过，被人甩在后面吧""我可不想就因为不知
道这个东西而栽跟头"等。

　　所以，我们被这种小心眼的不安感驱使着，不停地
狂奔，不停地追逐一个又一个的新信息。每当收获一个
信息，就把它扔在脑中——反正不会发臭，也不占地方。
我们仿佛已经把信息当作"砖块"，高高地堆积在自己
意识的四周，建立起城墙保护着自己。

　　的确，"不知道某信息"会不安，"知道了某信息"
会有收获。但是这种暂时的收获、暂时的领先，放在人
生层面上讲，很可能是以牺牲真正有价值的东西为代
价的。

　　"断"，切断对现在的自己"不需要·不合适·不愉快"
的信息流入。

　　"舍"，舍弃以前下意识囤积的对"现在·此地·自
我"来说不需要·不合适·不愉快的信息。

　　在反复地实践"断"与"舍"的过程中，才能听懂

自己内心的声音，真正地热爱自我，获得审视自我和周
边全局的能力，达到自由自在地输出——"离"。

　　首先从切断不需要·不合适·不愉快的信息的流入
开始吧。

　　从涌入日常生活的大量信息中筛选出需要的·合适
的·愉快的信息的有效方法就是"关注信息输出进行输
入""没有出口就不输入"。

　　当然，生活中的大量信息有一部分是随意地出现占
据我们的视觉、听觉的，但大部分都是自己输入的，也
就是自己能把控的信息。

　　比如说，像报纸、杂志、书籍上的信息，互联网，
邮件广告，等等。另外，我们常常开着电视或广播当背
景声音，偶尔也瞟几眼画面，实际上打开电视按下遥控
器的是我们自己，虽然漫不经心地瞅几眼屏幕，实际上
也是基于本人意志的行为。

　　像这些按照自我意志输入信息的行为，我们可以暂停一下。先问问自己"这些信息输入后的出口（输出）在哪里"。

　　与杂物的断舍离不同，信息的断舍离难就难在我们在毫无意识的情况下，信息已经钻进了脑中。我们买东西之前，都会先考虑一下这个东西的用法或是仅作为房间的装饰物等用途和它的放置场所。也就是说在入手之前（即便最后还是变成废品），会大概想想这个东西的"出口"。

　　但是，信息不同，即便找不到"出口"也会不断涌入脑中。正因为如此，我们才应该重视信息的出口。

　　信息的出口是各种各样的。

　　比如说，对工作有用的信息。我们可以利用这些信息撰写企划书、考虑新的商务计划等，或者可以当成段子用来和公司的同事客户拉近关系，或者帮助家人或朋友，甚至可以在 SNS 或博客上投稿表达自我，等等。

我们可以在输入信息时，就像这样考虑一下"我们准备怎么利用这些信息"，有意识地寻找信息出口。做到这一点，就能迅速提升信息的敏感度。

这种对于信息的新陈代谢（理解、消化、吸收、内化、输出、排出）是极有必要的。

在反复进行这种新陈代谢的过程中，有意识地关注信息的出口，才能预防某些不需要·不适合·不愉快的信息不自觉、无意识地钻入我们脑中，累积成垃圾一样的沉淀物。

按道理来说，即使没有做到每一次都考虑"信息的出口和输出地"，最理想的是在接触到信息的瞬间，大脑自然而然地进行取舍选择，挑选出有用的信息。不过，在实践过程中，这种理想状态是不易达到的。

特别是我们在之前已经养成了不自觉、无意识地收集众多信息，导致了信息筛选的感觉越来越迟钝，所以第一步就要将我们内在智能的天线上附着的锈迹，清除干净，打磨光亮，然后尽可能地在接触信息时，有意识地注意"信息出口"。

这样进行一段时间后，你会惊讶地发现我们从电视、互联网、报纸等媒体中输入大脑的绝大部分信息都没有明确的"出口"，自己只不过是胡乱地漫不经心地接收这些信息垃圾罢了。

自己本就是自己人生的主角，但在冗杂平淡的生活中，我们竟然从头到脚淹没在他人有意无意地制造的各种信息旋涡中，并且被迫跟着他人的节奏跳舞，失去了自在·自由·自我。当你注意到"原来自己是这么不自觉地接触信息，是这么乱七八糟地收集信息的"，这种自我发现是真正有意义的，说明你真正地意识到"自己的人生自己做主"。

尝试信息断食

在上一章我提出信息断舍离的建议是"关注信息的出口，没有出口则不再输入"。但是，有时候面对某些信息，有些人无法"正确地判断是不是有出口"。

老实说，即便是我们立刻有意识地寻找"出口"，因为长时间身处信息洪流中，对各种信息的敏感度和感觉已经麻木和钝化了，很有可能无法判断面前的信息是不是真的对现在的自己有帮助。

有时候，面对某些直觉上认为没有必要的信息，我们也会含含糊糊地对自己说"保不准什么时候能派上用场"，于是就稀里糊涂地输入了这些信息。

假如你是这样的话，干脆设定一个时间段，给自己来一场"信息断食"。

如字面意思一样，"信息断食"就是切断一切信息的输入。

长时间过度饮食，可能会引起胃积食、腹泻或便秘。这时候，为了有效地恢复肠胃运转，恢复麻木的味觉，让因过度饮食而超负荷工作的肠胃放空休息一下。经过断食后，肠胃恢复正常运转，人也就可以舒舒服服地吃饭了。

信息断食也是如此。

为了恢复因超负荷信息而困顿疲倦的大脑的正常运行，就先清空一下大脑，切断所有的信息输入。过一段时间就会发现，大脑像肠胃一样，判断力、记忆力、思维力活跃起来，堵塞处被一一疏通，恢复正常。

虽说信息并不能完完全全地被隔离掉，但是我们可以尽可能有意识地切断信息的输入。不久之后，你会发现已经麻木不堪的感觉开始逐渐恢复敏感。有时候我们进行断食期间也会摄入一些水分和呼吸氧气，所以信息断食并不一定要完完全全地切断信息输入，也可以进行"信息半断食"或者"信息节食"，哪种都有效果。特别是对那些信息代谢症候群的患者、长期处于信息饱和状态的人及其后备军都有良好效果。

具体怎么做呢？首先是把自己置于信息不易输入大脑的环境中，至少持续 24 小时以上，并且阻止大脑收集信息，远离电视、广播、互联网、手机、书、杂志、报纸等输入媒介。这种方法在工作日可能实践起来不方便，但可以利用节假日进行。

有时候会出现"居然一整天都没有碰任何媒体，也没有接收任何信息"的情况。但信息断食并非指这种偶然小概率事件，而是有意识、有意志地去断绝信息。就像我们不能因为"自己好像今天什么都没吃"就说自己断食了一样，不能说"我已经进行了信息断食了"。

即便实实在在地进行了 24 小时的信息断食，24 小时之后，也可以尝试着在工作中或生活中尽量拒绝一些信息，我把这种实践称为"信息节食"。

比如说，不看电视、不听广播、不翻报纸杂志或书籍，还有不动手机，不用 SNS，不刷网页，只回复必要邮件。另外，见面聊天仅限于家人或有工作关系的人。我们可以在日常生活中有意识地进行实践。

相信自我的稳态

　　当我们远离了信息，自身会暂时感到非常不安，周身笼罩着焦躁感。这是因为我们内部的"稳态"陷入了暂时的危机中。

　　所谓"稳态"也叫作"恒常性"，指的是我们的生命机体本身维持内部环境相对稳定状态的能力。

　　身为现代人的我们把"畅游在信息海洋中"看作理所当然的。

　　而我们无法改变自己接触的信息质量和输入的信息量。原因在于我们生命机体的基础性装置（稳态）的作用，稳态让我们产生了"想维持现状""不愿意改变"
的想法。

但是就像刚刚所说的，现在我们接触的日常信息量
早已超过了大脑的容量，是十几年前无法比拟的。被各
种信息牵着鼻子走的现代人，对于信息过剩的状态早已
熟视无睹，背负着众多压力的我们，不再能敏锐地感受
各种事物了。

很多人觉得"如今社会输入的这点信息量是理所当
然的""能在竞争激烈的现代社会生存下来的话至少得
掌握这点信息吧，否则真是活不下去了"。

像前几代的人，当他们接触到外部的各种信息后会
在必要时输入大脑。但这些信息大部分不过是自己和家
人、熟人无关紧要的闲扯，多半是从天气、庄稼等自然
共有现象开始的。而现在的我们正好相反，我们每天输
入的信息大部分都是来自信息源带有一定目的而发出的
"理性添加物"，这些添加物会在瞬间涌入我们毫无防

备的大脑。

"理性添加物"就像是为了让人买下某种特定商品的营销言论或是有特定目的的某一政治团体为了引导社会风向而制作的宣传口号。也就是说，其中掺杂有很多不自然的、夸张的、被歪曲的成分的各种信息，遍布在我们的身边。

与以自然、毫无造作的信息流通为中心的往昔相比，现代社会的大部分信息多多少少都添加了信息源的特定目的或某种执念等而被人为改造的成分。并且，现代社会上流通的信息量或是我们输入大脑中的信息量要远大于从前，以至于有些不需要·不合适·不愉快的信息在我们脑中累积成垢。至少可以说，现代社会的信息环境对人的生命本源来说并非一个最佳环境。

在这种现代环境中生活的我们不知不觉地被人工信息催眠，出现了"集体无意识"，反而对于摆脱这种信息环境产生了不安和焦虑感。仔细想想，不禁觉得有些

信息的"舍"

信息是人的思维想法的产物。当人自以为"信息存在"的那一刻，就出现信息本身。当这种想法消失的瞬间，信息本身也就从这个人的世界烟消云散了。

从信息这个特性上看，我们应该抛开那些对"现在·此地·自我"来说"不需要·不合适·不愉快"的信息。

关于如何清理杂物，在我之前的作品里有过反复介绍，以至于很多人把断舍离当作一种杂物整理术。

但其实断舍离的本意是通过杂物来掌握自己的状态，整理心灵的混沌从而达到享受人生的目的。因此，比起整理杂物本身，断舍离更侧重于代表思维想法的信息的处理。

周遭的物品除了提示你"我是椅子""我是钢笔""我是小石子"，还附着你的思维想法。比如说，椅子上附着的想法是"这是我平常坐的椅子"，圆珠笔上的是"这是珍视之人送给我的"或者"这是在旅游地买的纪念品"，小石子上的是"这是我家院子里的石子""在路上踢着玩的石子"，等等。

身边的一切物品附着着"代表物品本身属性的信息 + 你在物品上附着的思想的信息"。可以说不带有你的思维想法的物品是不存在你的世界中的。

那么，首先要诚实地面对每一件物品，要自觉地意识到每件物品都是"代表物品本身的属性信息 + 你在物品上附着的思想的信息"结合体。

然后，诚实地问自己："我附着在这个东西上的信息（思想）到底是什么？"重新审视自己和物品的关系。

如果这件物品对"现在·此地·自我"来说是"需要的·合适的·愉快的"，那么就继续保持关系；如果是"不需要·不合适·不愉快"的思维想法的话，就说明这个东西没有必要在你的世界存在下去了，那么，立刻扔掉。

针对每一件物品，一遍一遍地重复这个过程。

当我们终结自己和某件物品的关系时，也许会感到忧伤和寂寞，我们会觉得"这确实对现在的自己来说是不需要·不合适·不愉快的，但是真要扔的话还是舍不得"，这时候你可以翻到"稳态"那一节看看。

放手时确实会一时地感到不安和痛苦，但是等我们克服后，会重新找回自己的敏感的内在智能的天线。

假如做不到这一点，那么可以首先排除"自我的思想"，仅从"物品本身的属性信息"来看看它对你有什么帮助。

迅速处理掉不再看的书

你的书架上是不是摆满各种各样的书？

书，对那些热心学习的人来说，是一个容易掉进去的信息陷阱。

即便能避开网上的信息陷阱，一旦涉及书籍，还是有不少人对扔书有排斥感。

为什么人们会把不读的书摆在书架上呢？

来家里玩的朋友一看到书架，脱口一声"好多书哪"，着实让人有面子，"看，我读了这么多书呢"，随口一句话确实让人飘飘然。毕竟书越多越显得这个人博学多才、见多识广。但从另一个方面来说，囤积大量的书也许是一种求知欲的反映。

断舍离的入口就是对杂物的整理，这只是断舍离最开始的一小步，也是重新审视自我与杂物的关系，意识到自身的执念或观念的方法。

书也是一类杂物，但这种杂物并不容易清理。小时候，妈妈还告诫我"踩着书，骑着书，就认不了字了"。在很多人眼中，书是知识的象征。男女老幼都把书看作一种特别的存在。

这里需要大家仔细想想的是：把书扔掉，就等于把书里学到的知识扔掉了吗？显然这是不可能的。书籍是载体，吸收的知识存在脑中，没有必要用藏书量来证明自己的知识存量。

不舍得扔书这一行为其实暗含着本人对于知识的执念和自卑感。常常在讲座和电子杂志上接触到的人，尤其是男性，总是囤积着大量的书。"我想做别人眼中理性聪明的人"这种对知识的自尊心在男性身上尤为强烈。

大量囤积英语资料的人对英语这门学科可能抱有自卑的情结。仔细看看自己的书架上是不是有大量的小说、大量的商务书、大量的教育修养书、大量的学习资料等等，这些书的背后就隐藏着某种执念或自卑情结。

我认识的一位女士，她处理了自己囤积的 47 本教人赚钱的书。她说，当她扔掉这些书时，她同时也丢掉了"一味追逐金钱的自己"和"自己要变成有钱人的执念"。因为"要变成有钱人"这种长时间的执念变身成了 47 本教人成功赚大钱的书，被堆放在家里。

在干脆而迅速地扔掉 47 本书的同时，也像揭掉结成的疮痂一样甩掉了一直以来奉为圭臬的"有钱即成功"的信条。其实关于这位女士的故事还有后续。没过多久，她竟然继承了早已不再联系的父母的遗产。甩掉了对金钱的执念，反而招来了金钱。生活真是奇妙无比。

　　我们可以先拿杂志开刀。看看自己的书架上是不是堆放了好几年前的杂志，太多人觉得自己以后会看就随手扔到书架上积灰。以后是多久以后呢？我的书架上之前也摆着20多本感兴趣的杂志，但都是基本上没有翻过的过期杂志，其中某些有意思的新闻或小话题也是读过一次后就不会再读了。

　　很少人会重复读一本书。但是人们无法果断处理掉旧书正是因为其本身的意义。我们可以一点点地把那些不再翻看的书抽出来处理掉。近几年一次也没翻看过的书其实已经说明你们的关系已经结束了，从书架上"退下阵"也是理所当然的。

　　如果说还是想看某些书，那么到想看的时候再入手也不迟。虽然需要重复购买，但没有必要为说不清"什么时候"看的书而去占用书架空间。

整理混乱思维的方法

我们每天都浸泡在各种信息的洪流中。这其中确实有我们有意识地收集的信息。

但需要尤为注意的是，那些犹如喷水一般从外面灌入的众多信息并不全是自己有意识地积极收集的信息。

比如说，当我们打开电视就会有各种各样的新闻或资讯接二连三地跃入视野，走在大街上、坐在电车里，再怎么狭窄的地方都贴满了广告，夹杂着陌生人的对话，传来工地的嘈杂声，等等。

打开电脑，联上网络的一瞬间，朋友的邮件、卖东西劝投资的广告就排山倒海地填满了邮箱。SNS 上跳出好友的近期情况，资讯网站或论坛上出现有兴趣的信息，等等。

我们的五官更是无意识地捕捉到看不见、听不见的其他信息。

比如说，相遇的两人之间的各种念头，表达不出来的情感，周遭的氛围、触感，等等。我们自然是因为五官才获得了信息，没有必要为了切断信息而关闭五官。但是过度地浸泡在信息洪流中，接触大量信息，五官感觉会逐渐麻木，大脑对接收的信息的容量和质量也逐渐变得不自觉了。

这种不自觉类似当我们房间里囤积了太多不需要的杂物或废品时，我们就不再想去整理和收拾了。

"脑子混乱不堪"这个词就是说信息塞满了大脑以至于大脑迟钝、无法正常运转的状态。大脑中有益信息和无关紧要的废弃信息全部都混在一起，变成乱七八糟的状态。这种状态下，人不可能有清晰的思维，更不会迸发什么智慧灵感。

所以，我们要重新审视一下自己和信息之间的关系，包括我们有意识地收集的信息和无意识中接收的信息（不由分说就钻进脑中的信息）。

无论是杂物还是信息，离开了与人的关系都是无从谈起的。比如说，"今天"只表示"某月某日"的信息。可能对某些人来说，这个信息是指我或者重要之人的生日，或是什么纪念日，或者是不愿回忆的某个悲伤的日子。

其实跟日期本身没有关系，日期这一信息根据关系反映或者不反映一定的意义和价值。通过重新审视自己和该信息的关系，就会发现这个信息对于现在的自己到底是不是真正有必要的信息，是不是真正最适合的信息。

面对各种信息，并不是漫无目的地胡乱接收，而是判断这种信息是不是具有被认真体味琢磨的意义和价值。

娱乐圈的出轨事件和自己有关系吗？大企业的丑闻和自己有什么关系？没有关系就说明信息无用，如果想保护伙伴，如果特别关注公司的法纪法规，那说明信息和自己有关系。

在有意识地收集信息时思考信息与自己的关系，才能发现该信息是否有意义、有价值。像一些公司的传言，跟工作无关的就没必要听进去。

当我们一点点地有意识地去关注以前不自觉接收的信息，一点点地去发现以前有意识地接收的信息，还有实际上是因为懒惰而随意接收但现在对自己无用的信息，感应天线上的锈迹才能一点点地脱落，逐渐恢复内部智能对信息的敏感。

如何对待关于价值观的信息

一万日元，对小时候的你和现在的你来说，意义是不一样的。对于做生意的人，赚得少的时候和赚得多的时候，意义也是不一样的。当然，对有些珍惜每一分钱的生意人来说，他们对一日元也怀有敬意。

每个人都有自己的价值观，价值观是甩不掉的。

但是，当你知道自己是怎么看待事物时，就可以找到对自己有用的价值观，扔掉无用的价值观。

信息的新陈代谢就是在价值观的支配下进行的。

比如说，某个人常常被父母灌输"上了好大学，进了好公司，将来人就能稳定一辈子”的信息。

那么这里的“好大学”是什么大学呢？

是偏差值高的大学？是大城市里就业率高的大学？
是新生一入学就被严格管理的大学？

还有，这里的“好公司”是什么公司呢？

是上市公司？是朝阳领域的 IoT（物联网）事业、
机器人或宇宙相关产业的公司？还是有 100 年以上历史
的老牌公司？

最后，“稳定的人生”是什么样的人生？

能领到中上水平薪资的人生？能和心爱的人结婚的
人生？能财务自由培养孩子的人生？

你的回答是什么？

其实，什么样的回答反映着什么样的价值观。在价
值观多样化的现代社会，没有人会觉得自己的价值观就
是绝对正确的。

了解“一亿总中流社会”时代的人想必已经算高龄

老人了。那时候，全社会基本上都有着相同的价值观。但是随后日本就迎来了泡沫经济崩溃、雷曼兄弟破产，还有两次严重的地震，整个日本社会出现了剧烈的变化，并且这种变化也在逐渐蔓延。

在这样一个时代，每个人应该具备怎样的价值观呢？

我也回答不上来。正因为如此，一定要弄清楚自己的价值观，这种价值观是不是自己想要的，如果不想要，该如何才能摆脱？

其实，我们摆脱不掉旧价值观的原因之一在于从小就被父母灌输"太浪费"的思想。当人们从物资不足的贫困时代走进被产品过剩摆布的时代时，价值观的滞后会导致人们面对这个时代手足无措，困难重重。

之前我一直在强调"断舍离并不是单纯地扔东西"。

断舍离能让我们重新审视自己与物品的关系，重新找回真正的自我。你现在的价值观也许就是在以前的生活中被灌输的。我们要意识到"现在·此地·自我"，从现在这一刻起，关注自己珍视的重要的价值观。

开启智能自噬机能

在医疗实践中，人们会利用生命本身具有的一种叫作"自噬"的功能，也就是自动吞噬并降解已经起不到细胞作用的某一部分，然后剩下的细胞部分就变得极为活跃——要恢复原状最后长出鲜活的新细胞。

这是人体的神秘机能。但是这种机能不光是肉体上，在智能、理性上"自噬"也能发挥功能。比如说，当我们的内在智能的天线因为过度接收垃圾信息导致迟钝麻痹时，通过信息断食的手段，可以暂时切断信息流，启动智能自噬技能。

当出现信息饥饿时，内部智能的天线最开始启动稳态机能——"哎呀，怎么回事，不正常，完全没什么信息流入"，人开始觉得不安和焦虑。

但是，再过几天自己就会意识到"原来之前觉得不舒服的地方是自己接收了太多信息的缘故"。

最后，以前因生锈无法工作的内在智能的天线逐渐地恢复原状，变得锃亮发光，自身也能分辨出哪些才是对自己真正有用的信息了。

我们总是或多或少地在周遭人的影响下生活着。在现代社会，人们总是无意识地传递着被一般化的信息——必须更快更多地收集信息，这种状态也可以称为"集体催眠"或"相互洗脑"。

而前几章所说的"信息断食"的意义在于：我们可以利用信息断食，有意识地切断情报输入，从而摆脱"集体催眠""相互洗脑"及由此产生的"必须更快更多地收集信息"的强迫性观念。

　　当我们进行信息断食或信息节食时，要以怎样的姿态对待呢？我认为最重要的是"相信自己内部的稳态机制"。

　　一旦我们切断了信息输入，内心就会涌入各种不安和焦虑。在信息断食起作用之前，被不安和焦虑笼罩着的我们，如果重新躲回智能添加物充斥的信息海洋里，那么我们自身内部智能的天线就不可能重拾敏感。

　　因此，我们要直面内心的不安和焦躁感，相信自己内部的生命之力，相信"这种不安和焦虑正是内在智能复苏的前兆"。这恰巧就像人要从中毒或依赖症的状态中恢复正常的过程。

　　当我们处理家中杂物，扔掉不需要·不合适·不愉快的杂物会让我们内心带有一种莫名的寂寞和冷清感。这其实是我们从现状中脱离出来时必须经历的"阵痛"，克服这种阵痛才能真正地找回人生原本的状态。

我们给伤口消毒时，会觉得刺痛，修复骨折时，骨折处会感觉疼。首先从能做的开始做，然后是相信包括稳态或自噬的生命之力。这个过程中"阵痛"是免不了的。但是，我们要信赖这一过程本身。

在断舍离的过程中，不安感和焦躁感本身是不可避免的，没必要逼着自己，要求自己"决不能不安""决不能焦躁"。如果感到不安，就坦然地承认不安，如果感到焦虑，就坦然地承认焦虑，没有必要自责。

我们不必去自我否定，不必去分析自己的状态如何，只要明白自己处于这种状态就行。

一旦开始自我否定，或者自我分析时，就是想尽办法解决自己的不安和焦虑，以至于开始做没必要的事情，开始考虑没必要的问题。我们需要坦然地承认现在的状态，信任并交由自己内部的生命力实现自我恢复。

这样，才能重拾内部智能的敏感。

第6章

改善关系的断舍离式输出

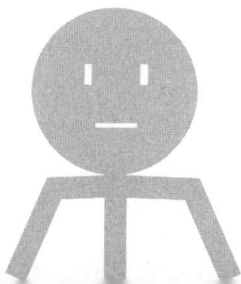

在你犹豫着如何才是进行良好的输出时，

首先就要做到"表达自我"。

什么是断舍离式输出

　　杂物的对外输出能保持整洁舒适的空间。工作的对外输出能让我们集中精力做重要工作。将超出期待的信息输送给对方，保持良好（舒适）的关系。

　　作为建立关系的桥梁，输出有利于工作上的来往。

　　在这里，关键是我们要理解对方，有意识地输出对方有用的、愉悦的内容。

　　我常常和各个行业的人打交道。在对话过程中，我并不是一味地输出自己的断舍离。首先我认真听对方的话，找到与断舍离共通的点再开口。所以，我认识了很多意气相投的人，成了常联系的朋友。

我也说过，我们要反复琢磨输入的信息后再讲出自己的想法，要保持和对方的良好关系还要看断舍离式的输出。

现如今输出现象也显得非常显著。比较典型的就是转发新闻和资讯网站的 URL（地址链接）。通过转发进行输出。但有时候会碰到某些转发内容对方不理解，也不懂你为什么转发。看起来一秒钟就完成的输出，其实也是应付了事。

这些信息的转发一方面显示了互联网的便捷性，另一方面又掠夺了我们的思维力和搜索能力。

但是转发的内容并没有附带你的目的。

因此，我们可以在转发的内容中添加自己的目的。比如，对于这则消息，我的观点是什么什么，我觉得什么什么对你有帮助，等等。

输出是写情书

我自己的亲身体验。在直接听取每个人的发言时，也在做着很多输入。而且输入的高峰期还会做很多笔记、备忘录等。

而我输出的方式通常就是讲座、研讨会、对话、博客、写书等。这些和在公司内部外部做 PPT 讲演或撰写企划书等并没有什么区别。

当我把输入的信息消化准备输出时，有时候会犹豫"如何开始自己的输出"。

这时候，我会先写下来。不管最后是什么形式的输出，也相信"这些输入内容已经被我消化了"。不断写下自己的输入，不知不觉间就会转化成某种固定形式。这些内容好看不好看就交给第三者来判断，暂且形成个东西。

记下一篇小随笔，重新翻看时，常常会发现这些作为输出源头的笔记大部分都是东拉西扯、毫不相干的杂想。当然，这确实是我琢磨、消化、吸收、内化的内容，我自己心里确实能把它们连起来。不过在旁人看来，很多时候他们会惊讶地认为"那种输入居然变成了这种输出，真是不可思议"。

没关系的，我认为这是没错的。

对于那些输入的信息，我并不是囫囵吞枣后囫囵"吐"枣，而是认真琢磨、消化、吸收、内化，即便形式上连自己也吃惊，但这也是具有自我意志的输出。

这种输出才会产生新的价值，也变成别人的输入，给别人带来灵感。就像一场"灵感接力赛"一样，传递着"灵感"的接力棒。

笔记，其实就是一种输入内容落地的形式。做笔记即是打磨自己内部智能的天线的作业，有时也是疏通思维阻塞的方法之一。做好笔记，认真琢磨，然后利用自己内部的"信息消化吸收能力"和"内化，转化能量的能力"，进行输出。

在你犹豫着如何才是进行良好的输出时，首先就要做到"表达自我"。

文章，就是要敲出来。图画，就是要笔落在画布上。照片，就是要按下快门。企划书，动脑不如动手。

作为一个编织语言的人，每次进行信息输出时，我都把写字当成编情书。

没错，情书。

情书里面包含有三个信息。第一个就是希望你能理解我，第二个是我对你很关注，第三个是希望你尽可能地喜欢我。

无论是销售上还是洽谈上，这三点信息是尤为重要的。工作并不是一决胜负、你死我活，能让双方获益才是真正做好了工作。

每个人都有自己的信息输出方法，无论采取什么方法或形式，都包含有"希望对方能理解我"的意思，也许这也称得上一种"自我中心主义"。但其实，表达内心的声音，坦诚的输出就是肯定自己的存在，也证明了"自我轴"为基准的人生准则，这是一件极赞的事情。

当然，只是为了自我满足的输出是不充分的。

输出要带着对自我表现的内容的接收者的厚爱和感谢，带着祝福，带着"我喜爱你"的想法。只有这样，这种输出才能鲜活，才能持久。

假如作为输出人的自己和接收人之间能感受到深厚的感情和牢固的纽带，这简直就是无上的幸福。这样的接收人可能是认识的人，也可能是陌生人，也可能是当我告别世界后，因为机缘巧合读懂我的"输出"却再无法相会的人。

即使如此，如果能在输出中隐隐约约地透露出"希望你能尽量喜欢我"之类柔和的希冀，在进行各种输出时，会显得更周到。

我不知道你现在或是今后用怎样的形式进行输出。如果你赞同我的想法，那么可以尝试怀着写情书的想法去输出，而不把它当作"汇报"，我想，这样的输出也能带来下一个绝赞的输出。

以"自我轴"为准的现代生活

对一些人来说，表达自我、表达内心是令人害怕的事。因为如果给出了反对意见，自己也可能变成众矢之的。别人不一定会接收自己的"情书"。

即使如此，依然会有巨大的收获去补偿这些损失——"按自我轴生活下去"是人生最大的馈赠。

按自我轴生活下去，就是宣布：我决心一步一个脚印踏实地走自己的人生之路，不依附他人，自己负责自己的人生。

想必有人会认为"这种人生太过自私太过任性"，

正好相反，以自我轴为生活准则的人生观也会接纳那些与己相异的价值观。

以自我轴为生活准则的人并不会对他人意见产生强烈的反应，但这样并不是说"这些人会完全排斥他人意见"，而是面对他人意见，会仔细琢磨，消化吸收，并进行内化再做出反馈。

所以，他们既不会在别人的批评指责声中怯懦丧气，也不会在别人的赞美颂扬声中飘飘然而不自知。诚然他们不是无动于衷的圣人，也是有七情六欲的，被批评会伤感，被表扬会高兴。但是他们内心一片清明——批评和赞美的本质是一样的，并不是我的问题，而反映出看问题的人的内心。

批评和赞美看似南辕北辙，只不过反映了别人对我的关注，这些批评和赞美恰恰投射出本人的内心。无论是好是坏，只需要倾听意见而已，并不会动摇"自我轴"的生活准则。

反过来说，那么以"他人轴"为生活准则的人的生活准则常常动摇不定，总是按照别人的轴、别人的规定、别人的道理行事，生活并没有定轴。

当这些人一听到"跟父母一块儿住就要孝顺""全班人都要搞好关系""不能出轨"等一些说教，就觉得"确实如此，理所当然"，也没有具体事情具体分析，就按着所谓的道理行事。

但是，现实并不理想。别人再怎么期待，自己却无法做到，才生出了各种烦恼。

自我轴	他人轴
决心脚踏实地走自己的路 宣告全世界：我将带着责任感走自己的人生之路	受他人影响 把糟糕的事情归咎于他人

烦恼一般是对方没有回应自己的期待，或是自己无法回应他人的期待。所以说，烦恼的实体其实是叫嚣

着"你要按我说的做""你要明白我""要理解我"的小游戏。

当我们不再玩这种"要理解我"的小游戏时，烦恼就会蒸发消散，是真的蒸发不见，无影无踪。因为这些烦恼的本源就是关系和自以为是的期待。

我们有主动的逻辑思维能力，也有被称为第六感的直觉能力。

利用锃亮发光的内部智能的天线去捕捉直觉，我们甚至不用担心会出现什么错误。因为直觉是不会犯错的，思维却会让人犹豫迷惑。

因此，我们要相信自己的直觉，相信内部智能的天线的选择。虽然在我们选择相信直觉和天线时并不清楚事物进展的全貌，但是还是要选择相信自己。在推进工作的途中，事物或事件的全貌才会逐步清晰起来。

有时候，我们会后悔地想"为什么那时候做那个决

定"？正是那个决定导致失败。但是这样的经验和教训
一定会进一步打磨内部智能的天线，只要我们按照新的
直觉行动就行。至少，比起依赖他人轴安稳平庸地过一
辈子，倒不如按照"自我轴"走自己的路，活出自我，
不是吗？

自我轴孕育出利己因子和利他因子

跟着直觉走。

跟着直觉走的人生活法看上去并不是多么高效率,而在那些做什么都计算得失的人眼中,这种活法简直就是傻瓜。

但是,当你尽管四处碰壁还是努力拼搏时,一定有人理解并佩服你的姿态,走近你。而这些人才是你真正需要的知己或同道之人。当我们告别世界回顾人生时,令我们感叹"人生真美"的并不是人生多么高效,而是不计较得失的人生姿态。

充实增强"自我轴"，屹立于天地之间，认真地过好自己的生活，这样才能享受至上至福的人生。

每个人都能够过上这样的人生的话无疑是快活的人生。

到底"自我轴"的本质是什么呢？反过来说，如果没有这个东西就无法保持"自我轴"的这个核心是什么呢？

我理解的核心应该是"利己因子和利他因子"。

对自己的生命注入爱和感情的状态就是利己。没有利己，就不可能相信自己，相信直觉。

而站在"自我肯定感"对立面的"自我否定感"是从内心把"自我"分化出去来观察自我的。如果没有把自我分化出来，就不会出现认为"自己还不行"的自我否定感。当我们被自我否定感笼罩时，自我的存在与心灵、灵魂产生了分离和错位，就不可能有什么"始终如一轴"和"保持一贯性的自我轴"。从这个角度来看，利己是非常重要的核心。

利己之心会带来什么呢？

首先，自我轴愈加强大和稳固。因为越是肯定自己，自信满满，就越有人变成自己的战友。

利己之后，就具备了为他人或社会环境做贡献的条件。这就是利他之心。

当然，有一颗利己之心，并不代表着自己就能变成一个完美无缺之人。有时也会弄糟一些事情，也会有不擅长的事情。但是总体来说，还是肯定自己的状态就是自己的自我轴。

当我们即使有点小毛病也能肯定自己时，会从心底真正地发觉"自己和别人没什么两样"。这种发现会让我们更容易接受别人、肯定别人。

最后，你会发现，肯定自己的利己，带来了肯定他人的利他。不久之后，很多认可自己、肯定自己的人就会出现在你身边。因为，人总是能和那些与自己活法

怀有自我
肯定感

相信感觉
伸出援手

为自我和他人
带去爱心

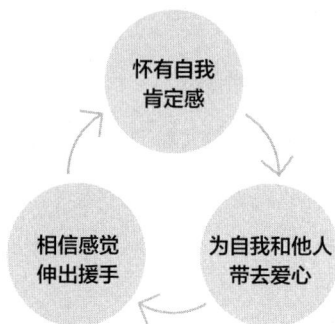

自我轴的良性循环

有共鸣的人或者给予肯定的人意气相投。你肯定别人，
别人也认可你，尊重你，被你吸引，进而愿意助你一
臂之力。

当然，你也会对他人伸出援手。

你也喜欢认可自己的人，当你看到这些喜爱之人的
笑容时，也会自然而然地伸出自己力所能及的援手。而
这种相互认可、相互协助的事情也会接二连三地出现在

你生活里。

那么，你会越来越自信，越来越相信自己内心的力量，同时也会选择相信别人，相信他人的能力。这就是从"自我轴"建立起来的良好循环，孕育出利己因子和利他因子。

信赖自我之力和他人之力

当我们学会信任自我之力和他人之力时，最终会出现怎样的结果？

最终，我们会自然而然地放手很多杂物或信息。

"我要把众多的杂物和信息握在手中。"

这种欲望产生的主要原因在于自己的内心深处有种不安感——这些东西也许再也弄不到手了。

但是，如果你相信自我之力和他人之力，就自然而然地觉得"自己能在必要的时候获得必要的东西"，所以，对于处理杂物和清理信息就没有太多的犹豫或排斥感。

自己信任自己，相信自己能在必要的时候获得必要的东西。自己也信赖他人，相信别人能在必要的时候给自己带来必要的物件、知识、人事或者其他东西。这种感觉并不是"我主观上相信"，而是接近于"确实如此，事实如此"。

当我们肯定自己，肯定他人，相信自我之力，相信他人之力时，就能挺着胸脯说"我，我们，生活在一个值得信赖的社会中"。表面看起来，这是一种理想社会，并没有什么实感。即使是我自己，也处于螺旋阶段，也就是处于通向这种理想社会的途中的旁支而已。

但是，毋庸置疑的是我们现在确实生活在值得信赖的社会中。

假如你说不是，我真是没有办法说服你，这就像我们不知道明天会不会活着一样，如果连明天起床会看见太阳升起也要怀疑的话，那这件事就尽管去怀疑吧。但是，当你越是确信自己生活在一个值得信赖的社会时，社会、世界，甚至宇宙就越会回应你内心的期许。

也许这些东西谈起来比较虚无缥缈，那就从我们周围真实感受到的例子说起吧。

电脑世界里的"云盘"就是个好例子。近几年，电脑的信息存储也无须再把信息放入存储器中了。也就是说，不再把信息装在存储器中，而是把信息放在一个更大的容量空间（比如说，联网的服务器）中，在必要的时刻只需要下载必要的数据，不需要的时候重新扔到云盘中。

如果没有对云盘的信任，人们也不会这么做。

也就是说，没有了对"云盘能预存信息"和"可随时登录云盘"的绝对信赖，人们也不会放手将很多重要信息放到云盘上。

在日常生活中，我们并没有关注到这些事情，也没什么关注的必要。在将来，像这种以信任为基础的机制和随时随地可登录下载的前提条件下，除了必要时刻，无须携带各种信息资料的情况会逐渐扩展到全世界。

我们生活在云盘时代。

而且，如果我们能无意识地信赖云盘，那这种信赖也不仅限于电脑世界。

把所有的信息和知识紧紧地抓在自己手中，仅供自己利用的时代已经终结了。共享自己的信息，把信息提供给需要的人。而自己做不了、不知道的事情可以交给比电脑存储器更强大的存在，随时登录，随时下载必要信息。

当你越来越懂得自己生活在这样一个相互信任的社会中，自己的人生也会自动转化成"享受人生"的模式。这是我自己的实感，也是我的朋友们口头相传亲身体验的事实。上面提到的"更强大的存在"也可以理解成神灵的存在。如果是无神论者，可以把它称为"集体无意识"。无论怎么称呼，只要是在自我肯定感的基础上相

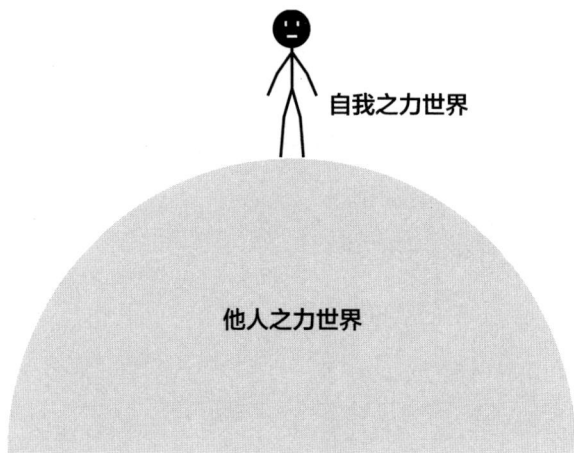

自我之力世界

他人之力世界

互信赖，无论什么时候都能随时随地获得溢满"无限存
储空间"的智慧源泉。用这种减法思维不断地推进社会
进步，我想这就是"进取型的断舍离"。

减法工作术的采点给分

断舍离的实践首先从扔掉"不需要·不合适·不愉快"的杂物这一简单的行动开始。但断舍离的根本目的还是重拾自我肯定感，确立自我轴，创造审美意识。

整理自己周边的环境空间有利于整理自己的思维、想法、灵魂，乃至自己内部的宇宙。

断舍离听起来利用的是"减法运算"，形式则是采点给分。

并不是"现在有只妖怪——我必须消灭这个妖怪——唉，失败了"的过程，而是"自己的心中住着很多妖怪——不过还有菩萨大神——真庆幸有这个菩萨"。

切断那些被我们经过琢磨和严格筛选后排除的杂物和信息的流入，清理对于"现在·此地·自我""不需要·不合适·不愉快"的杂物或信息，摆脱目光短浅的僵化状态。在进行这种"减法运算"的同时，也要重拾自己的人性和审美意识，给自己加分，尽可能地接触更高级更深层的概念。

我们在严格筛选杂物和信息的过程中，就会逐渐了解"任何东西都在不断地变化着"，也会逐渐意识到"无论是杂物还是信息，只有与我建立良好关系，才有其价值和意义"。而且，从灵魂深处仔细地体味琢磨"无论是从前我们经历过的，还是我们将来要经历的，这一切都是人生经验，我们就是为了这些体验而诞生的"的道理，这样才能进一步上升到"享受人生"的另一层境界，这个反反复复的过程就是断舍离。

单纯一次断舍离的实践并不是一劳永逸地获得愉

快的人生，也不可能体味感受其中的内涵。当你整理乱七八糟的房间或整理自己的思维想法时，就会出现某些变化。

这些变化估计会保持一段时间，外部和内部保持一定时间的平衡。但是世间万物，诸行无常，当时的"需要的·合适的·愉快的"杂物或信息，不久之后就变成了"不需要·不合适·不愉快"的东西了。这时候就要进一步断舍离，进一步做出改变了。

这个过程看起来并没有提升什么，促进什么，只是在重复着一件事。但是拥有这种经验，我们才会逐步地踏实地接近以前自己到达不了的某些类似佛法的愉悦境界。

这其实像一种螺旋上升式的进步。这种走上螺旋阶梯的步伐会持续一生。

"求学问，就要每日积累；求智慧，就要每日抛弃。"

这是《老子》第四十八章"为学日益，为道日损"

的现代汉语翻译。真是所谓的真知灼见。

　　我自己也一步一步地走在螺旋阶梯上。如果这本书能给你带来哪怕一点触动或灵光，我也会感到无与伦比的欢喜。

后记

排出家门之外

排出身体之外

排出心灵之外

这么写的话，可以看出来"出"和"扔"其实是异曲同工、顺理成章的行为，也相当于扔掉不需要的杂物，清理不能用的废品，排解糟糕的情感情绪。这些都是把东西由内向外排出的行动。

然而，这些本应是自然而然的行为变成了各种各样的不自由、不舒服，我们是否已经对这种不自由的事实心知肚明了呢？

答案是非常不确定的。

无论是扔掉不需要的杂物，清理不能用的废品，还是排解糟糕的情绪，都需要考虑场合和时间，决不能不加思考地，不考虑场合和时间，听由内心地"扔"。一旦破坏了这个规矩，就要做好遭到批评，招致不快，被人嘲讽的准备。

这也是无可厚非的，因为我们是生活在现实社会的人，不是野兽哺乳的狼孩，也不是石头缝里蹦出来的孙猴子，更不是传说中的乌托邦居民。即便如此，我们作为人依然在场合和时间的约束和限制下昂首走在人生路上。在这条路上，我们不知不觉地背负起身体和精神上的双重负担。

面对这些负担，我们要从战略上与之抗争。

为了肉体层面的生命更加灵活柔和

为了社会层面的生命更加强健勇敢

为了精神层面的生命更加豁达开朗

这两种"排出"，再怎么重视也不为过。

话语与金钱的排出方式。

不要忍气吞声，把心绪埋在胸腔，也不要毫无忌惮地妄言。

不要像铁公鸡般爱财如命、一毛不拔，也不要大手大脚、挥金如土。

学会真正的话语和金钱的"排出方式"，并把它真正内化成一种日常行为，这样才能让人生之路呈现出螺旋上升式的走势。这两者是人生之路披荆斩棘的利器。而且，不必在意金钱和话语的多少，只要"排出方式"有效果，一定能为你的人生带来胜利的曙光。

山下英子